Megha Sisode

Um novo e eficiente sistema de recomendação de consultas

Megha Sisode

Um novo e eficiente sistema de recomendação de consultas

ScienciaScripts

Cover image: www.ingimage.com

This book is a translation from the original published under ISBN 978-3-659-86604-3.

Publisher:
Sciencia Scripts
is a trademark of
Dodo Books Indian Ocean Ltd. and OmniScriptum S.R.L publishing group

120 High Road, East Finchley, London, N2 9ED, United Kingdom
Str. Armeneasca 28/1, office 1, Chisinau MD-2012, Republic of Moldova, Europe
Managing Directors: Ieva Konstantinova, Victoria Ursu
info@omniscriptum.com

Printed at: see last page
ISBN: 978-620-8-55315-9

Conteúdo

RESUMO

UM NOVO E EFICIENTE SISTEMA DE RECOMENDAÇÃO DE CONSULTAS

A Internet tradicional está a tornar-se cada vez mais importante na nossa vida. A Internet ajuda-nos a obter toda a informação necessária, mas a questão é saber se a informação obtida é relevante ou não. O sistema de recomendação de consultas ajuda o utilizador a encontrar eficazmente a informação adequada a partir do corpus da Web. O motor de busca é utilizado quando o utilizador conhece a sua consulta. O utilizador prefere utilizar o sistema de recomendação quando não sabe qual a consulta que deve ser enviada para o motor de busca. Assim, a recomendação de consultas ajuda o utilizador principiante a satisfazer as suas necessidades de informação numa fase muito inicial. Muitos investigadores apresentaram diferentes métodos de recomendação baseados no historial do utilizador, nas preferências do utilizador, nos padrões de navegação dos utilizadores, no gráfico do fluxo de consultas, na semelhança das consultas, no agrupamento de consultas, nas consultas anteriores dos utilizadores, nos comportamentos de clique, no historial de snippets para recuperação de informações, etc. Mas, por vezes, estes métodos não conseguem obter a recomendação adequada para algumas consultas de baixa frequência porque o sistema não consegue recolher as informações necessárias para a recomendação.

Apresentamos o método de recomendação de URLs em que os snippets, o perfil do utilizador, a localização e os sinónimos são considerados para recomendar melhores resultados. Os desempenhos dos sistemas são medidos com base em vários parâmetros; são também medidos os valores de precisão e de recordação. O método funciona melhor, é eficaz e eficiente para todas as consultas de alta e baixa frequência.

Lista de abreviaturas

GPS : Global Positioning SystemAdavance Encryption Standard
API : Apllication Program Interface
IR : Information Retrieval
NLP : Natural Language Processing
WSD : Word Sense Disambiguation
HDD : Hard Disk Drive
RAM : Random Access Memory
JDT : Java Development Tools
IDE : Integrated Development Environment
AVD : Android Virtual Device
IEEE : Institute of Electrical and Electronics Engineers
JVM : Java Virtual Machine
PnR : Precision and Recall
TF : Term Frequency
IDF : Inverse Domain Frequency
SDK : Software Development Kit
SynSet : Synonym Set
JDK : Java Development Kit
WWW : World Wide Web
HTML : Hypertext Markup Language
IP : Internet Protocol
HTTP : Hypertext Transfer Protocol
URL : Uniform Resourse Locator
XML : Extensible Markup Language

Capítulo 1

INTRODUÇÃO

1.1 Técnica de recomendação de consultas

Hoje em dia, o número de utilizadores da Internet tem vindo a aumentar consideravelmente, pelo que os motores de busca se tornaram uma parte vital das nossas vidas. A Internet possui uma enorme coleção de diferentes tipos de informações necessárias. Milhões de pessoas preferem utilizar a Internet para obter as informações pretendidas em vez de consultarem os diferentes tipos de livros, como enciclopédias, conhecimentos gerais, etc. A Internet tem aumentado rapidamente e também com meios de comunicação actualizados entre as diferentes coisas interdependentes.

Recentemente, os motores de pesquisa foram também incluídos nos grandes sítios Web, como os sítios de empresas, as redes sociais e os sítios de comércio eletrónico. Dado que se registaram vários avanços na história dos motores de pesquisa, é necessário conhecer a diferença entre motor de pesquisa e sistema de recomendação. O utilizador utiliza o motor de busca se souber formular corretamente a sua pergunta, ao passo que o utilizador prefere utilizar o sistema de recomendação se não souber exatamente onde pode obter a solução para a sua pergunta e a formulação correta da mesma. Assim, o utilizador prefere utilizar o sistema de recomendação para satisfazer as suas necessidades de informação através da utilização de diferentes fontes de informação [1]. Um desafio fundamental para os motores de pesquisa na Web é melhorar a satisfação dos utilizadores. Por conseguinte, as empresas de motores de pesquisa fazem um esforço significativo para desenvolver meios que "adivinhem" corretamente a verdadeira intenção oculta por detrás de uma consulta apresentada.

Com o aumento da dimensão e da popularidade da WWW, muitos utilizadores têm dificuldade em obter as informações pretendidas, apesar de utilizarem os motores de pesquisa mais eficientes (*por exemplo*, Google, Yahoo, MSN, Bing, etc.). Um fator-chave para a popularidade dos actuais motores de pesquisa na Web são as interfaces de utilizador amigáveis que proporcionam. De facto, os motores de pesquisa permitem que os utilizadores especifiquem as consultas simplesmente como listas de palavras-chave, seguindo a abordagem dos sistemas tradicionais de recuperação de informação [2]. A verdadeira intenção das abordagens tradicionais é compreender a necessidade de informação do utilizador e estas abordagens tentam sempre satisfazer a intenção de pesquisa do utilizador [3]. Mas esta lista de palavras-chave nem sempre é um bom descritor da informação necessária, porque o comprimento médio das consultas dos utilizadores é de 2,35 termos e também pode ter ambiguidades quer no conteúdo quer na necessidade de informação. Ao analisar os registos de consultas, observou-se que a maioria das consultas dos utilizadores é curta (cerca de dois termos por consulta). Isto pode não permitir identificar a intenção de pesquisa do utilizador e, por conseguinte, o motor de pesquisa pode não fornecer resultados adequados como recomendação.

Um facto comum na pesquisa na Web é que um utilizador necessita frequentemente de várias iterações de refinamento da consulta para encontrar os resultados desejados num motor de pesquisa. Isto deve-se em parte ao facto de as consultas de pesquisa serem muitas vezes extremamente concisas (2-3 palavras em média) e, por conseguinte, não transmitirem de forma adequada e/ou distinta a intenção de pesquisa do utilizador ao motor de pesquisa. Assim, é importante que a Web forneça uma plataforma de fácil utilização para satisfazer as necessidades de informação do utilizador, pelo que a recomendação de consultas é um ingrediente essencial para um motor de pesquisa orientado para o utilizador. A recomendação de consultas é uma direção promissora para melhorar a usabilidade dos motores de pesquisa na Web. A tarefa explícita da recomendação de consultas é ajudar os utilizadores a formular consultas que representem melhor a sua intenção de pesquisa durante as interações de pesquisa na Web. Além disso, a recomendação de consultas pode ser potencialmente aplicada a aplicações Web existentes, como o aumento da relevância da pesquisa, a publicidade em linha, a apresentação de resultados de pesquisa, a pesquisa personalizada e muitas outras aplicações Web [2].

Assim, para ajudar os utilizadores a reorganizarem as suas consultas curtas, mal formadas e possivelmente ambíguas, que podem afetar os resultados da pesquisa através da recuperação de documentos irrelevantes, os motores de pesquisa desenvolveram a função de recomendação de consultas [4]. Para reduzir o efeito do envelhecimento, os modelos de recomendação de consultas devem ser periodicamente reconstruídos ou actualizados [2].

A figura 1.1 mostra as recomendações de pesquisa que têm sido amplamente adoptadas pelos utilizadores de pesquisa como uma forma importante de encontrar informação eficazmente. De acordo com o relatório de um inquérito sobre o comportamento de pesquisa, 78,2% dos utilizadores alteram as suas consultas (principalmente adoptando a função de recomendação do motor de pesquisa) se não conseguirem obter resultados satisfatórios com a consulta atual [5]. As abordagens convencionais à recomendação de consultas têm-se centrado na expansão de uma consulta através de termos extraídos de várias fontes de informação, tais como um tesauro como o WordNet, os documentos mais bem classificados, etc. [6].

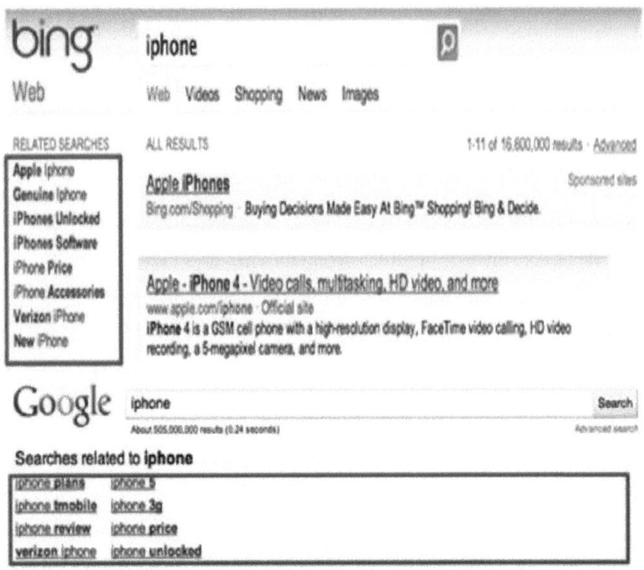

Figura 1.1: Função de recomendação de consulta dos motores de pesquisa comerciais

Os utilizadores adoptam a função de recomendação de consultas para esclarecer as suas necessidades de informação sem terem de se esforçar por introduzir novas consultas. Para encontrar a relevância entre a consulta e os documentos, a consulta desempenha um papel importante. Mas estas consultas nem sempre são um bom descritor das necessidades de informação do utilizador, uma vez que podem ter um significado ambíguo ou o utilizador pode especificar consultas muito curtas. Por conseguinte, é importante que os motores de pesquisa forneçam recomendações de alta qualidade que possam representar as necessidades de informação exactas do utilizador. Muitos motores de pesquisa fornecem sugestões de consulta para que o utilizador possa formular consultas mais eficazes, como "Also Try" do yahoo, "Searches related to" do google, etc. [7].

1.2 História e problemas na recomendação de consultas

À medida que a dimensão da Web tem aumentado consideravelmente, o problema de compreender a intenção de pesquisa do utilizador e de identificar corretamente a natureza do utilizador tem aumentado na mesma proporção. Nos últimos anos, temos assistido a um crescimento explosivo dos dispositivos móveis. Os telemóveis modernos têm um significado melhor do que os dos anos anteriores; por isso, são conhecidos como telemóveis inteligentes. São mais potentes, proporcionam uma experiência de utilização muito maior e fazem com que o utilizador se sinta mais rico com todas as facilidades. Do mesmo modo, a Internet móvel tornou-se rapidamente parte da experiência do utilizador para milhões de pessoas [8].

Podemos constatar que a maioria das pessoas acede à Web através de um telemóvel para verificar o correio eletrónico, explorar as suas contas nas redes sociais, efetuar transacções bancárias e participar noutras actividades relacionadas com a Web.

Por exemplo, uma pessoa pode querer obter informações sobre um restaurante local ou precisar de saber mais sobre um novo local que provavelmente irá visitar. A localização dos dispositivos móveis modernos pode resolver este tipo de dificuldades no mapeamento da localização atual do utilizador. A DBPedia Mobile é uma dessas aplicações para o iPhone que utiliza o GPS para obter a localização do cliente e mostrar um mapa da localização atual do utilizador. Outra aplicação é o Google Map, que podemos utilizar preferencialmente para conhecer a localização atual do utilizador em qualquer momento. O utilizador pode selecionar pontos de interesse no mapa e obter informações de fundo sobre eles, navegando nas muitas fontes de dados interligadas [8].

Embora as capacidades dos motores de pesquisa da Internet estejam a melhorar cada vez mais, os motores de pesquisa enfrentam vários desafios. Um dos principais desafios é o problema dos resultados de pesquisa irrelevantes que surgem como resultado de qualquer consulta. Os resultados de pesquisa irrelevantes surgem normalmente devido a palavras de consulta curtas, ambíguas e possivelmente incorrectas ou, por vezes, a uma incompatibilidade formada a nível semântico. Os exemplos incluem "apple", "pascal", "match", "conductor", "tree", "cricket", etc. Todas as palavras têm múltiplos sentidos, que podem ter significados diferentes consoante o contexto em que as palavras foram aplicadas. Outra causa de resultados irrelevantes é a abordagem de tamanho único adoptada pela maioria dos motores de pesquisa existentes, em que uma consulta idêntica de diferentes utilizadores em diferentes contextos irá gerar o mesmo conjunto de resultados para todos os tipos de utilizadores [8].

Estes motores de pesquisa apresentam uma lista de resultados de pesquisa com base na consulta de um utilizador, mas ignoram os interesses específicos do utilizador, o contexto da pesquisa e as diferenças individuais nas necessidades de informação. Isto leva a que um utilizador tenha de passar por muitos resultados irrelevantes antes de encontrar a informação relevante pretendida. Os problemas encontrados na pesquisa são ainda mais agravados quando o utilizador utiliza consultas curtas. A abordagem baseada em palavras-chave enfrenta principalmente dois problemas básicos, tais como a polissemia - existência de vários significados para uma única palavra e a sinonímia - existência de várias palavras com o mesmo significado. Estes problemas fazem com que se perca informação relevante se a consulta não contiver as palavras-chave exactas que constam dos documentos. Por estas razões, o utilizador tem dificuldade em procurar os documentos e produtos exactos que correspondem às suas necessidades de informação [8].

Para resolver estes problemas e dar melhores resultados de recomendação que possam satisfazer as necessidades de informação do utilizador, temos de compreender a forma de expressar as necessidades de informação do utilizador. Para uma melhor recomendação, a consulta deve ser formulada de forma adequada e bem organizada, com um significado mais exato. Se observarmos a forma como os utilizadores pesquisam na Web, ficamos a saber que, quando um utilizador clica num determinado resultado de pesquisa apresentado pelos motores de pesquisa, isso nem sempre significa que o utilizador está interessado no documento resultante, porque ainda não o viu. Em vez disso, parte-se do princípio de que o utilizador deve estar interessado nos fragmentos do documento correspondente, porque são esses fragmentos que são efetivamente mostrados e lidos pelo utilizador.

Atualmente, a pesquisa móvel na Web apresenta novos desafios que não estão presentes na pesquisa tradicional na Web. Os modos de introdução de dados são inerentemente limitados devido à pequena dimensão do próprio dispositivo e a conetividade da rede não é muitas vezes comparável à velocidade da Internet nos computadores. É provável que os utilizadores móveis estejam em movimento quando procuram informações e a capacidade de atenção do utilizador é significativamente menor do que na pesquisa tradicional na Web em computadores. Por conseguinte, é muito importante obter os resultados de pesquisa desejados nas primeiras posições para evitar que o utilizador perca tempo e esforço. Como já foi referido, a eficácia das tecnologias de pesquisa é reduzida pela ambiguidade da consulta do utilizador e pela diversidade das suas necessidades de informação.

Como sabemos, para um motor de pesquisa, encontrar informações relevantes na Web está a tornar-se uma tarefa difícil. Os factores mais comuns são o rápido crescimento do número de páginas indexadas num motor de pesquisa, as consultas curtas e ambíguas apresentadas pelos utilizadores da Web, a organização ineficaz dos resultados da pesquisa e os diferentes objectivos e expectativas dos utilizadores em relação à Web, etc. A atenção está centrada em encontrar a relevância entre a consulta e os documentos [9]. Atualmente, muitos motores de pesquisa devolvem o resultado com base na consulta anterior do utilizador, nos comportamentos de clique e, geralmente, utilizam as palavras-chave ou frases-chave contidas na consulta para encontrar documentos relacionados.

O principal objetivo é localizar consultas populares que sejam semelhantes à consulta atual, quer no conteúdo quer no contexto do clique. Os diferentes métodos sugerem ao utilizador que adopte consultas semelhantes e frequentemente adoptadas para concluir a sua tarefa de pesquisa. Mas há um problema com este tipo de métodos de recomendação que é o facto de não compreenderem as necessidades reais de informação do utilizador. Não tem em consideração a intenção de pesquisa do utilizador atual. Em vez disso, supõe que o utilizador partilha interesses semelhantes com outros utilizadores que propõem consultas semelhantes. Este pressuposto é correto para a maioria das consultas quentes que são frequentes por natureza. Isto deve-se ao facto de cada vez mais utilizadores colocarem as mesmas questões e os resultados do motor de busca serem actualizados com resultados mais satisfatórios. No entanto, por vezes não consegue dar recomendações corretas, especialmente para consultas de baixa frequência, porque não há muitas consultas candidatas para elas e algumas outras pessoas propõem consultas semelhantes com o mesmo significado.

A incorporação das preferências do utilizador, da localização e dos sinónimos no sistema de recomendação de consultas baseado em snippets baseia-se no facto de que, quando um utilizador clica num determinado resultado de pesquisa apresentado pelo motor de busca, isso não significa necessariamente que esteja interessado no resultado, porque o utilizador ainda não viu o documento do resultado, mas assume que está interessado nos snippets dos resultados correspondentes, porque esses snippets são efetivamente mostrados e lidos pelo utilizador. O comportamento de clique do utilizador consiste nos vestígios da sua necessidade atual de informação. Por conseguinte, considera-se que as necessidades de informação do utilizador são descritas na sua interação com o motor de busca, *ou seja*, nos fragmentos dos resultados em que já clicou [5].

Para além do histórico e das informações de snippet, também podem ser incorporadas técnicas de personalização para obter melhores resultados. As técnicas de personalização que incorporam os interesses do utilizador, a localização atual, os sinónimos, o feedback do utilizador e as preferências na pesquisa podem resolver alguns destes problemas.

A personalização envolve, em termos gerais, o processo de aprendizagem de um perfil de interesses do utilizador. Este é depois utilizado para fornecer conteúdo personalizado ao utilizador. A personalização da pesquisa na Web envolve normalmente a filtragem ou a reclassificação manual dos resultados devolvidos por um motor de pesquisa, ou a incorporação direta dos interesses do utilizador no próprio processo de recuperação para apresentar resultados personalizados. Dada uma consulta, uma pesquisa personalizada pode fornecer resultados diferentes para utilizadores diferentes ou mesmo para o mesmo utilizador em contextos diferentes [8].

Assim, com base neste pressuposto, foi apresentada uma estrutura de recomendação de consultas baseada em snippets que incorpora a preferência do utilizador, a localização e os sinónimos. A natureza do processo de recomendação de consultas é analisada através da construção de dois modelos de cliques em snippets. Estes modelos utilizam as caraterísticas do conteúdo dos snippets clicados para extrair palavras-chave que possam descrever as necessidades de informação do utilizador. Em comparação com as técnicas mais avançadas que requerem a comparação do conteúdo ou do contexto dos cliques com consultas anteriores, esta estrutura envolve apenas a análise do conteúdo e dos cliques dos snippets que são clicados pelo utilizador. Este tipo de informação é normalmente registado nos registos de cliques dos motores de busca, pelo que o quadro é fácil e eficiente para aplicações práticas [4]. Hoje em dia, muitas pessoas conseguem encontrar todo o tipo de informação de forma muito rápida e fácil a partir de qualquer lugar, seja através de computadores de secretária, computadores portáteis, telemóveis inteligentes, tablets, etc. 85% dos utilizadores preferem utilizar os telemóveis inteligentes em vez da rede com fios. Para o efeito, a abordagem apresentada é desenvolvida na plataforma android e pode também funcionar nos telemóveis.

1.3 Noções básicas de recomendação de consulta

Os sistemas de recomendação são um tipo de sistemas de filtragem de informação que recomendam produtos disponíveis em lojas electrónicas, artigos de entretenimento (*por exemplo*, livros, música, vídeos, notícias, imagens, etc.) ou pessoas (*por exemplo*, em sítios de encontros) que possam ser do interesse do utilizador. Os sistemas de recomendação são uma alternativa útil aos motores de pesquisa, uma vez que ajudam os utilizadores a descobrir novos itens do seu interesse [1].

1.3.1 Fragmento

O snippet é um pequeno pedaço ou parte de um ficheiro de texto que contém uma quantidade relativamente pequena de informação. Também se pode dizer que o snippet é a informação abstrata de um documento maior. As figuras 1.2 e 1.3 mostram o exemplo de uma janela de snippet devolvida pelo motor de busca para uma consulta de exemplo [1].

Figura 1.2: Rich Snippets indicados com classificações atribuídas a URLs ligados a uma consulta de

amostra

1.3.2API do Google

O motor de pesquisa de texto integral líder mundial fornece acesso direto às suas enormes bases de dados através da API do Google. Limita o número diário de consultas e, em comparação com a interface baseada em HTML, é relativamente lenta, mas permite um acesso fácil a partir de qualquer linguagem de programação. Cada consulta é respondida da mesma forma que a interface HTML. O utilizador pode obter o número de páginas Web com base em partes de texto com palavras-chave enfatizadas na descrição da meta tag. Para a base de dados do sistema, entre todas as bases de dados disponíveis nos motores de busca, decidimos adotar a base de dados do motor de busca Google, uma vez que este mantém uma das maiores colecções de páginas Web. Além disso, fornece uma API especial (Google APIs) que permite aos utilizadores escrever programas que submetem consultas ao Google utilizando um serviço Web. Os resultados obtidos são devolvidos num ficheiro XML estruturado que pode ser facilmente processado [10].

1.3.3Wordnet

A Wordnet é a principal fonte de informação. Trata-se de uma enorme base de dados lexical que contém cerca de 150.000 conjuntos de sinónimos, num total de 203.000 pares palavra-sentido. Cada palavra vem acompanhada de uma breve descrição chamada glosa. As glosas têm uma ou duas frases. Para além do facto de todas as partes comuns do discurso estarem presentes, contêm substantivos que são de grande importância, porque um deles é muito provavelmente um superconceito, ou seja, um hiperónimo da palavra dada. Antes de utilizar o gloss, este é pré-processado, sendo removidas a pontuação, a hifenização e as palavras de paragem [11].

1.3.4Registo de consultas

O registo de consultas é uma fonte rica de informações sobre a ação de pesquisa do utilizador. O registo de consultas é um conjunto de informações valiosas que regista as consultas de pesquisa do utilizador e as acções relacionadas na Internet. Ao extrair essas informações registadas, é possível explorar o objetivo dos utilizadores por detrás da pesquisa, as preferências, os interesses, os comportamentos de pesquisa, o feedback implícito; após a extração, podem ser utilizadas em muitas aplicações, como a reformulação de consultas, a identificação de intenções, a análise do registo de consultas, a recomendação de consultas, etc. [4].

Google what is the number of x- and y-intercepts that quadratic functions may have

Web Results 1 - 10 of abou

Pre-Calculus Advanced >> **Quadratic Functions** >> **Intercepts**, Zeroes ...
A **quadratic function** will **have** at most two **x-intercepts**. ... Notice that this corresponds to the **number** of solutions **a quadratic** equation can **have** (2, 1 or 0). ... As with **y-intercepts**, it **may** sometimes be difficult to read the ...
www.wsd1.org/waec/math/Pre-Calculus%20Advanced/Quadratic%20Functions/Intercepts/interintro.htm - 9k - Cached - Similar pages -

Yahoo! Canada Answers - **What is the number of x-and y-intercepts ...**
quadratic functions have exactly 1 **y-intercept** and no more than 2 **x-** ... The highest power of **x**, shows the maximum **number of x-intercepts** it 'could' **have**. ...
answers.yahoo.ca/question/index?qid=20080428215000AAU30GI - 38k -
Cached - Similar pages -

Quadratic Functions(General Form)
27 Nov 2007 ... You **may** change the values of coefficient a, b and c and observe the graphs obtained. ... When you graph **a quadratic function**, the graph will either **have** a maximum ... The **x intercepts** of the graph of **a quadratic function** f given by ... Use the applet window to check the **y intercept** for the **quadratic** ...
www.analyzemath.com/quadraticg/quadraticg.htm - 23k - Cached - Similar pages -

Graphing **Quadratic Functions**
Graph of the **quadratic function y** = -3x2 + x + 1 ... vertex and the **y-intercept** as shown below. You **may** want to plot other points, also. Remember, you can pick any **number** to substitute in the equation for x and solve for y. ..... If we **have a function**, say f(x) = x2 + 6x + 7 and want to change it into vertex form, ...
jwilson.coe.uga.edu/EMT668/EMAT6680.Folders/Barron/unit/Lesson%206/6.html - 37k -
Cached - Similar pages -

Figura 1.3: Exemplo de snippet devolvido pelo motor de busca para uma consulta de amostra

1.3.5Registo na Web

Um Web é um ficheiro no qual o servidor Web escreve informações sempre que um utilizador solicita um recurso a um determinado sítio. Todas as actividades de acesso dos utilizadores à Web de um sítio Web são registadas pelo servidor WWW do sítio Web e armazenadas nos registos do servidor Web. Cada registo de acesso do utilizador contém o endereço IP do cliente, a hora do pedido, o URL pedido, a ID do utilizador, o código de estado HTTP, etc. Os registos Web são constituídos por atributos com valores de dados sob a forma de registos [12].

1.3.6Sinónimos

É uma pessoa ou coisa que está intimamente associada a uma determinada qualidade ou ideia, de tal modo que a menção do seu nome a faz vir à mente. Também podemos dizer que é uma palavra ou frase que significa exatamente ou quase o mesmo que outra palavra ou frase na mesma língua, por exemplo, "Shut" é sinónimo de "Close", "the East" era sinónimo de "the Soviet empire", considere outro exemplo como, "Happy" é sinónimo de "Glad" [1].

1.3.7Palavra polissémica

Polissema é uma palavra ou frase com sentidos diferentes, mas relacionados. As palavras polissémicas são as palavras com mais do que um sentido ou com múltiplos significados. Os múltiplos significados de uma palavra podem não estar ligados ou não estar relacionados. Por exemplo, instituições financeiras, a espécie humana, etc. [1].

1.4 Importância da técnica de recomendação de consultas baseada em sinónimos

As técnicas de recomendação de consultas ajudam o utilizador a descrever as suas necessidades de informação de forma mais clara, para que o motor de busca possa dar respostas adequadas e satisfazer as suas necessidades de informação. Por conseguinte, para o sistema de recomendação da Web, os motores de pesquisa adicionaram muitas ferramentas e caraterísticas para melhorar a eficácia da pesquisa dos utilizadores, tais como correcções ortográficas, tradução automática e resposta a perguntas com base na extração de dados de utilização da Web. Diferentes métodos de técnicas de recomendação de consultas consideram diferentes informações, como o registo de consultas, informações sobre o comportamento do utilizador, etc. Mas estes métodos não são capazes de dar uma melhor recomendação para consultas curtas, mal formadas e possivelmente ambíguas. Podemos melhorar o desempenho da recomendação acrescentando as preferências do utilizador, a localização e a informação sobre sinónimos ao método de recomendação baseado em fragmentos.

1.4.1Estado e comparação com outras técnicas de recomendação

Os sistemas de recomendação da Web baseados na exploração da utilização da Web tentam extrair padrões de comportamento dos utilizadores a partir dos registos de acesso à Web e também utilizam a correspondência do comportamento de navegação dos utilizadores. Existem duas medidas diferentes baseadas nas várias métricas de informação que utilizam. Medidas de semelhança baseadas no conteúdo, que utilizam ficheiros de registo de consultas. Outra é o método baseado no contexto do clique, que utiliza um clique através de dados de registo e o conjunto de URLs de ficheiros de registo. Com base nos factores, existem várias técnicas de recomendação, como a abordagem de agrupamento de documentos clicados, a abordagem baseada em sessões, o sistema baseado em padrões de navegação, as informações sobre padrões de navegação do utilizador, como os trechos extraídos. Entre estes vários métodos, há algumas falhas, como o facto de os documentos clicados nem sempre serem relevantes para a consulta dos utilizadores. Por vezes, uma consulta curta, mal formada e ambígua do utilizador pode conduzir a uma recuperação de informação incorrecta. Assim, depois de estudar e comparar diferentes métodos, os snippets que levam os utilizadores a clicar numa determinada ligação satisfazem muito provavelmente as suas necessidades de informação. Os snippets são informações mais úteis porque são apenas os snippets que são lidos e clicados pelo utilizador para satisfazer as suas necessidades de informação.

Neste trabalho, apresentamos uma abordagem baseada em snippet, localização, preferência e sinónimos para recomendar os resultados da pesquisa na Web em ambiente Android. Como estudo de caso, escolhemos um emulador eclipse como plataforma para implementar o nosso trabalho. O nosso principal objetivo é identificar os interesses dos utilizadores com base nos snippets que são visualizados e clicados pelos utilizadores e fornecer resultados personalizados de pesquisa na Web utilizando os interesses identificados do utilizador. Aprendemos e mantemos implicitamente um perfil ontológico dos interesses dos utilizadores através da observação passiva do fluxo de cliques dos utilizadores. O perfil dos utilizadores é construído automaticamente a partir dos padrões de cliques, padrões de localização e interesses do utilizador; toda esta informação é-nos fornecida pelo utilizador assim que este utiliza o sistema. O perfil de interesses dos utilizadores é armazenado localmente no dispositivo.

A incorporação das preferências do utilizador, da localização e dos sinónimos no sistema de recomendação baseado em snippets cria perfis de utilizador baseados nas interações dos utilizadores com um determinado sistema, tais como padrões de cliques e padrões de localização. Para a base de dados do sistema, entre todas as bases de dados disponíveis dos motores de busca, decidimos adotar a base de dados do motor de busca Google, uma vez que este mantém uma das maiores colecções de páginas Web; além disso, fornece uma API especial (Google APIs) que permite aos utilizadores escrever programas que submetem consultas ao Google utilizando um serviço Web. Os resultados obtidos são devolvidos num ficheiro XML estruturado que pode ser facilmente processado. Além disso, é muito popular e, por isso, os utilizadores sentem-se à vontade para o utilizar através de uma nova interface, em vez de recorrerem a um motor de busca completamente diferente [13].

O método baseado em sinónimos parte do princípio de que as necessidades de informação dos utilizadores são descritas na interação com o motor de busca, tal como nos snippets em que já clicaram para obter os resultados. Assim, com base nestes pressupostos, é apresentada uma estrutura de recomendação de consultas baseada em sinónimos com um modelo de clique em snippet, que inclui snippets à escala global e à escala local [5]. Com estes modelos, as palavras-chave são extraídas de snippets clicados para fazer recomendações eficazes utilizando sinónimos da palavra consultada juntamente com snippets e informação de localização. Os métodos de recomendação de consultas baseados em sinónimos dão resultados eficazes e mais precisos em comparação com o sistema baseado no histórico e nos snippets.

1.5 Aplicações das técnicas de recomendação

1.5.1Recuperação de informações

A recuperação de informação (RI) é uma atividade de obtenção de recursos de informação relevantes para uma necessidade de informação a partir de uma coleção de recursos de informação. As pesquisas podem basear-se em metadados ou em indexação de texto integral (ou outra baseada em conteúdos). Um processo de recuperação de informação começa quando um utilizador introduz uma consulta no sistema. As consultas são declarações formais de necessidades de informação, por exemplo, cadeias de pesquisa em motores de pesquisa da Web. Na recuperação de informação, uma consulta não identifica exclusivamente um único objeto na coleção. Em vez disso, vários objectos podem corresponder à consulta, talvez com diferentes graus de relevância. Um objeto é uma entidade que é representada por informações numa base de dados. As consultas do utilizador são comparadas com as informações da base de dados. Dependendo da aplicação, os objectos de dados podem ser, por exemplo, documentos de texto, imagens, áudio, mapas mentais ou vídeos. Muitas vezes, os próprios documentos não são mantidos ou armazenados diretamente no sistema de RI, sendo antes representados no sistema por substitutos de documentos ou metadados [1].

1.5.2Processamento de linguagem natural

O processamento da língua natural (PNL) é um domínio da informática, da inteligência artificial e da linguística que se ocupa das interações entre os computadores e as línguas (naturais) humanas. Como tal, a PNL está relacionada com a área da interação homem-computador. Muitos desafios no domínio da PNL envolvem a compreensão da linguagem natural, ou seja, permitir que os computadores extraiam o significado da linguagem humana ou natural e outros envolvem a geração de linguagem natural. Os algoritmos modernos de PNL baseiam-se na aprendizagem automática, nomeadamente na aprendizagem automática estatística. O paradigma da aprendizagem automática é diferente do da maioria das tentativas anteriores de processamento da linguagem. As implementações anteriores de tarefas de processamento de linguagem envolviam normalmente a codificação manual direta de grandes conjuntos de regras [1].

1.5.3Desambiguação do sentido da palavra

A Desambiguação do Sentido da Palavra (Word Sense Disambiguation - WSD) é um problema aberto de processamento de linguagem natural e ontologia, que rege o processo de identificação do sentido de uma palavra (*i.e.*, significado) utilizado numa frase, quando a palavra tem múltiplos significados. A solução deste problema tem impacto noutras áreas da escrita relacionadas com a informática, como o discurso, a melhoria da relevância dos motores de busca, a resolução de anáforas, a coerência, a inferência, etc. Um dos problemas da desambiguação dos sentidos das palavras é decidir quais são os sentidos. Em casos como o da palavra bass acima, pelo menos alguns sentidos são obviamente diferentes. Noutros casos, os diferentes sentidos podem estar intimamente relacionados, *ou seja*, um sentido é uma extensão metafórica de outro e, nesses casos, a divisão das palavras em sentidos torna-se muito mais difícil.

Diferentes dicionários e tesauros apresentam diferentes divisões de palavras em sentidos. Uma solução utilizada por alguns investigadores é escolher um dicionário específico e utilizar apenas o seu conjunto de sentidos. No entanto, os resultados da investigação que utilizam distinções amplas nos sentidos têm sido muito melhores do que os que utilizam distinções estreitas [11, 14, 15].

No entanto, dada a falta de um inventário completo de sentidos de granularidade grosseira, a maioria dos investigadores continua a trabalhar em WSD de granularidade fina. A maior parte da investigação no domínio da WSD é efectuada utilizando a WordNet como inventário de sentidos de referência para o inglês. A WordNet é um léxico computacional que codifica conceitos como conjuntos de sinónimos; *por exemplo*, o conceito de carro é codificado como car, auto, automobile, machine, motorcar. Outros recursos utilizados para efeitos de desambiguação incluem o Roget's Thesaurus e a Wikipedia [1].

1.6 Abordagens para técnicas de recomendação de consultas

1.6.1 Abordagem I

Atualmente, existem dois tipos de abordagens utilizadas pelos sistemas de recomendação de consultas existentes, nomeadamente, a abordagem I, que localiza consultas populares com semelhanças de conteúdo com a consulta atual. O sistema recomenda os itens semelhantes aos que o utilizador preferiu no passado [2, 7, 11, 16, 17, 18, 19, 20]. Seguem-se os passos da abordagem I.

1. Recuperação de documentos textualmente relevantes no que diz respeito a palavras-chave de consulta, recuperando o snippet a partir dos dados de registo do motor de busca.

2. Filtragem dos snippets obtidos no Passo 1 que são relevantes para a consulta atual.

3. Medir a relevância dos documentos da Etapa 2 com base nas funções de ponderação introduzidas ou na abordagem TFIDF com medição da precisão e da recuperação.

A abordagem I não é eficiente, porque uma pesquisa baseada no conteúdo pode recuperar um grande número de documentos textualmente relevantes que estão fora do âmbito espacial. Além disso, a abordagem também sugere ao utilizador que adquira consultas semelhantes e frequentemente adoptadas para satisfazer as suas necessidades de informação. Embora seja possível reordenar as etapas 1 e 2 com base nos seus critérios de seleção, a melhoria do desempenho é bastante limitada se os critérios de seleção nas etapas anteriores forem elevados. Estes passos são executados sequencialmente, o que prolonga o tempo de processamento e requer um grande espaço de memória para guardar os resultados frequentemente adoptados [2, 11, 16, 17, 18, 19].

1.6.2 Abordagem II

A abordagem II utiliza uma medida de semelhança baseada no contexto do clique. Para melhorar a eficiência da pesquisa, a abordagem II combina os dados de registo de cliques do utilizador. Muito trabalho tem sido feito no seguimento da abordagem II. A abordagem recomenda os itens que pessoas com gostos semelhantes gostaram no passado. O principal problema deste tipo de métodos de recomendação é que não compreende as necessidades reais de informação dos utilizadores. Não tem em consideração a intenção de pesquisa do utilizador atual; em vez disso, supõe que ele partilha interesses semelhantes com outros utilizadores que propõem consultas semelhantes. Este pressuposto é correto para a maioria das consultas frequentes. Mas para as consultas de baixa frequência, por vezes não consegue recomendar corretamente os resultados relevantes, porque não há muitas consultas candidatas para elas [9, 12, 13, 15, 21, 22, 23, 24].

1.7 Necessidade

O domínio do sistema de recomendação de consultas evoluiu em torno da aceitação, processamento, armazenamento, recuperação e transmissão de vários tipos de informação para diferentes objectivos. Uma dessas finalidades é recuperar e recomendar o documento mais relevante para a consulta atual. Para manter a fiabilidade da pesquisa, é obrigatório que o motor de pesquisa adquira corretamente as consultas relacionadas para satisfação do utilizador. Embora o processo de pesquisa seja simples e perfeitamente compreensível, continua a ser difícil obter resultados relevantes para a satisfação do utilizador.

1.7.1 Recuperação de snippets

O conjunto de snippets relevantes é obtido a partir dos dados de registo de cliques do motor de busca. A classificação do documento baseia-se no perfil do utilizador, que é criado automaticamente com base em padrões de cliques, padrões de localização e intenção do utilizador quando este utiliza a aplicação. A relevância pode ser calculada separadamente para texto e localizações ou pode ser calculada em conjunto [5].

1.7.2 Medição da relevância dos documentos

A estimativa exacta da relevância entre os documentos e as consultas dos utilizadores é fundamental para a perceção da qualidade e do desempenho dos motores de pesquisa. Especificamente para os motores de pesquisa e os sistemas desenvolvidos, existem muitas funções de ponderação para estimar a relevância textual [10, 21].

1.7.3Extração de palavras-chave

Os modelos tradicionais de extração de palavras-chave são a medida estatística da contagem de palavras susceptíveis de serem como, modelo de espaço vetorial, modelo probabilístico, modelo de linguagem, etc. para medir a relevância dos documentos para uma determinada consulta. De todos eles, o TF-IDF é o mais utilizado. Existem muitas variantes do TF-IDF que partilham os mesmos princípios básicos, mas as formulações são diferentes para o TF e o IDF. O TF-IDF pondera um termo num documento com base no TF e no IDF. Uma frequência de termos TF(w,d) mede as ocorrências de uma palavra w num documento d, o que mostra a importância da palavra w no documento. Por outro lado, a frequência inversa de documentos, IDF(w,DS) mede a especificidade (importância) de uma palavra w num conjunto de documentos D [5, 7].

1.7.4Recomendação de consulta correta

A recomendação adequada de consultas de uma consulta atual Q depende dos tipos de informação recuperada e da forma como a informação é aplicada com diferentes parâmetros. As medidas comummente adoptadas, tal como discutidas, estão incluídas em [5].

1.8 Objetivo

Uma vez que a recomendação de consulta é utilizada como um núcleo da recuperação de informação, é necessário considerar a fiabilidade da pesquisa como a questão mais prioritária. O principal objetivo do trabalho de investigação é conceber uma estrutura de recomendação melhor, mas precisa, para garantir a precisão e a fiabilidade, utilizando a abordagem baseada em fragmentos. O principal objetivo da investigação é recuperar o documento mais relevante para satisfazer as necessidades de informação dos utilizadores. Os objectivos para melhorar o sistema de recomendação de consultas são os seguintes

- Implementar um sistema de recomendação de consultas baseado nos modelos de cliques em snippets.
- Para melhorar a relação entre os documentos recuperados, utilizando a intenção do utilizador, *ou seja,* a sua preferência. Mais útil na procura de palavras polissémicas.
- Implementar a consciência da localização no sistema de Recomendação de Consultas que utiliza informação de Latitude e Longitude online.
- Para melhorar a eficiência e a eficácia na pesquisa de todas as consultas de alta e baixa frequência, são incorporados sinónimos, que são extraídos para as palavras-chave nos snippets utilizando o serviço de sinónimos online .

1.9 Tema

O tema da dissertação é o desenvolvimento de um sistema de recomendação de consultas adequado para satisfazer as necessidades de informação dos utilizadores. O sistema utiliza modelos de clique em snippet, intenção do utilizador, localização e sinónimos. Os sinónimos são utilizados para a recuperação eficiente de documentos de acordo com todos os sentidos possíveis da palavra. Em seguida, o sistema pode ser melhorado utilizando a preferência e a localização para classificar os resultados mais relevantes no topo da lista.

1.10 Organização

Esta dissertação está organizada da seguinte forma:

- O Capítulo 1 apresenta a introdução à dissertação. Esta secção descreve a definição, a essencialidade, o estado da investigação, a história, os fundamentos e as aplicações das técnicas de recomendação de consultas.

- O capítulo 2 centra-se na contribuição de vários autores para a investigação, com a definição do problema e a sua motivação.

- O capítulo 3 centra-se no desenvolvimento do sistema. Esta secção descreve os antecedentes, a introdução à abordagem do sistema, a metodologia, os pormenores de implementação e as imagens da GUI do sistema.

- O capítulo seguinte, *ou seja*, o capítulo 4, está relacionado com a análise do desempenho do sistema. Esta secção apresenta a análise experimental, a comparação com trabalhos anteriores e a diferença de justificação.

- O capítulo seguinte, *ou seja*, o capítulo 5, está relacionado com as conclusões do trabalho. Discute-se também o âmbito e as aplicações futuras do sistema.

Apresentámos a bibliografia anotada. Esta secção é uma lista exaustiva das revistas e trabalhos de investigação referidos durante a preparação da dissertação.

Capítulo 2

PESQUISA BIBLIOGRÁFICA

2.1 Introdução aos sistemas de recomendação de consultas

As consultas são um dos factores mais importantes que afectam o desempenho dos motores de pesquisa, uma vez que constituem a única interface de acesso dos utilizadores às páginas Web. Embora as necessidades de informação dos utilizadores sejam complicadas, as suas consultas são normalmente simples, curtas e muitas vezes ambíguas. As consultas são simples porque os utilizadores não querem ou não podem organizar consultas complicadas que possam descrever as suas necessidades de informação de forma mais exacta. Este facto provoca um grande desafio nas actuais técnicas de pesquisa na Web, que é a compreensão das necessidades de informação do utilizador subjacentes às consultas. É bastante difícil para os motores de pesquisa compreenderem as necessidades de informação, porque só podem ser utilizados os dados relativos às consultas e ao comportamento dos cliques. Por conseguinte, são propostas técnicas de recomendação de consultas para apresentar aos utilizadores uma lista de possíveis escolhas de consultas cujas necessidades de informação são relativamente mais claras para os motores de pesquisa. Deste modo, os utilizadores podem clarificar as suas necessidades de informação clicando nas ligações das consultas de recomendação em vez de introduzirem novas consultas [17].

Atualmente, muitos sítios de comércio eletrónico fornecem sistemas de recomendação para recomendar produtos, serviços e informações úteis aos clientes. Estes sistemas podem ser recomendados com base nos produtos mais vendidos num sítio, com base no perfil pessoal do cliente ou com base numa análise das compras anteriores do cliente. O comportamento de muitos indivíduos é mais inteligente do que o comportamento de poucas pessoas inteligentes, é a chave para os recomendadores de consultas e muitas outras aplicações da Web 2.0. A maioria das técnicas de recomendação de consultas mais avançadas centra-se na recomendação de consultas que foram previamente propostas pelos utilizadores. Estas consultas devem ser populares e semelhantes à consulta atual. Deve ser popular para que o utilizador atual provavelmente goste dela. Também deve ser semelhante à consulta atual, porque consultas semelhantes representam provavelmente necessidades de informação semelhantes [17].

As abordagens tradicionais à recomendação de consultas baseiam-se geralmente em informações do utilizador, como feedbacks explícitos ou implícitos do utilizador, perfis de utilizador e, por vezes, com a ajuda da análise semântica através de um tesauro. Algumas outras abordagens tentam compreender uma consulta do utilizador analisando os resultados de pesquisa recuperados através da análise do conteúdo de documentos de sucesso, snippets ou textos âncora. Vários trabalhos recentes exploraram os dados de registo dos motores de busca para compreender as consultas, bem como para as recomendar. Em comparação com os métodos tradicionais, as abordagens de extração de registos têm várias vantagens:

- Não é necessário qualquer esforço do utilizador para a base de dados,
- Os dados do registo de pesquisa contêm informações ricas sobre o comportamento do utilizador, complementares ao conteúdo da Web , e
- Os modelos construídos a partir de dados de registo maciços são muitas vezes estatisticamente superiores aos construídos a partir de uma quantidade relativamente limitada de documentos, fragmentos ou conteúdos de âncora [8, 13].

Em geral, podem ser extraídos dois tipos de informação dos registos de pesquisa, *ou* seja, informações sobre cliques e informações sobre a sessão. Ambas têm sido utilizadas para compreender as consultas. As abordagens baseadas em informações sobre cliques assumem que duas consultas estão relacionadas se partilharem muitos URLs clicados. As consultas relacionadas são normalmente agrupadas em clusters e utilizadas para recomendações mútuas. Na área mais relacionada da extração de sessões de pesquisa, foram abordados dois problemas principais de investigação. O primeiro é a extração automática de sessões, em que os padrões de pesquisa na Web, como a alteração ortográfica e a especificação, têm sido utilizados para melhorar a extração de sessões. Partindo do princípio de que as sessões de consulta foram extraídas de forma fiável, o segundo problema de investigação consiste em prever uma consulta do utilizador com base em consultas já introduzidas na mesma sessão. As abordagens existentes extraem informações sobre a sessão e utilizam as consultas adjacentes ou que co-ocorrem nas mesmas sessões como recomendações umas para as outras [9].

O sistema de recomendação permite conhecer as preferências do utilizador e fazer recomendações. Estes podem ser utilizados para recomendar vários produtos, por exemplo, livros, filmes, aplicações, etc. O sistema de recomendação pode ser baseado em conteúdos, em que o sistema recomenda itens semelhantes aos que o utilizador preferiu no passado. Método baseado em filtragem colaborativa, em que o sistema recomenda itens que pessoas com testes semelhantes gostaram no passado; e híbrido, o sistema combina conteúdo e filtragem colaborativa [25, 26].

2.2 Métodos de recomendação de consultas

Há vários investigadores que contribuíram com o seu trabalho para a recuperação de informação em linha utilizando várias abordagens, tais como a abordagem baseada no conteúdo, a abordagem baseada no contexto do clique, a abordagem de agrupamento, a abordagem baseada na reclassificação, a abordagem baseada na sessão, a abordagem baseada nos URL clicados, a abordagem para sugestões de consulta sem utilizar registos de consulta, a abordagem para sugestões de consulta com a utilização de registos de consulta, a abordagem baseada em documentos, a abordagem de extração de utilização da Web, a abordagem baseada em fragmentos, a abordagem que considera sinónimos, a localização atual do utilizador e as suas preferências, etc. Os investigadores propuseram novas técnicas com implementações adequadas para extrair informações essenciais da Web. Concentramo-nos agora em alguns trabalhos de investigadores, como se indica a seguir.

2.2.1 Agrupamento de consultas anteriores do utilizador

Wang Zhijiang *et al.* apresentaram um método eficaz para sugerir uma lista de consultas semanticamente relacionadas com uma determinada consulta submetida a um motor de busca. As consultas relacionadas baseiam-se em consultas anteriores no registo do utilizador e podem ser emitidas pelo utilizador para reformular o processo de pesquisa. Para o efeito, foi utilizado um processo de agrupamento de consultas em que são identificados grupos de consultas semanticamente semelhantes. Foi utilizado um algoritmo eficiente de agrupamento de árvores de sufixos. Além disso, a medida de semelhança baseada em palavras-chave é utilizada para determinar o grupo mais próximo da consulta dada, juntamente com a sinonímia chinesa, que também é considerada na medida para melhorar a fiabilidade da pesquisa. Para a avaliação do método, foram utilizados dados de registo dos motores de busca chineses (www.sogou.com). Mas as abordagens baseadas em palavras-chave não conseguem por vezes compreender corretamente a intenção de pesquisa dos utilizadores, uma vez que as palavras-chave são curtas e por vezes polissémicas [16].

Hamada Zahera *et al.* propuseram um método para sugerir uma lista de consultas relacionadas com a consulta introduzida pelo utilizador com base em consultas previamente emitidas pelos utilizadores. O seu método baseia-se num processo de agrupamento em que são detectados grupos de consultas semanticamente semelhantes colocadas pelo utilizador, a fim de o encaminhar para a informação de que necessita. Esta abordagem fornece algumas consultas que estão relacionadas com as consultas apresentadas pelos utilizadores, a fim de os orientar para as informações de que necessitam. A relação entre as consultas e as ligações foi representada como um gráfico bipartido, o que facilita a identificação da semelhança entre as consultas. Este método não só descobriu as consultas relacionadas como também as classificou de acordo com uma medida de semelhança. No entanto, por vezes, este método pode produzir resultados irrelevantes, uma vez que utiliza a correspondência entre as necessidades de informação dos utilizadores actuais e as dos utilizadores anteriores [14].

Ji-Rong Wen *et al.* propuseram uma abordagem para agrupar consultas semelhantes a fim de recomendar URLs para consultas frequentes de um motor de busca, utilizando quatro noções de acordo com: primeiro, o contexto da consulta; segundo, URLs clicados comuns entre consultas;

terceiro, correspondência de palavras-chave e quarto, a distância dos documentos clicados numa hierarquia predefinida. Mas o resultado deste método gera matrizes de distância muito esparsas e esta esparsidade diminui quando se utilizam grandes registos de consultas. Assim, são utilizadas caraterísticas de correspondência de cadeias de caracteres para localizar consultas semelhantes. Em vez de sugerir consultas para substituir a consulta atual, exceto no caso de correção ortográfica, a abordagem está interessada em sugerir que um utilizador pode perguntar a seguir [27].

Ricardo Baeza-Yates *et al.* propuseram a extração das relações semânticas que são implicitamente capturadas nas acções dos utilizadores que submetem consultas e clicam nas respostas. As consultas podem ser vistas como etiquetas associadas aos documentos clicados pelas pessoas que as efectuam, de forma semelhante ao texto âncora dos links, que é utilizado como texto substituto das páginas Web ligadas [2].

Depois disso, o trabalho foi melhorado para sugerir ao utilizador uma lista de consultas relacionadas com base num processo de agrupamento de consultas. Neste método, a consulta é submetida aos motores de pesquisa e sugere uma lista de consultas relacionadas. As consultas relacionadas baseiam-se em consultas previamente emitidas e podem ser emitidas pelo utilizador para o motor de pesquisa para afinar ou redirecionar o processo de pesquisa. Este método não só descobre as consultas relacionadas, como também as classifica de acordo com um critério de relevância. Esta noção de semelhança de consultas tem várias vantagens: é simples e fácil de calcular. Além disso, capta as relações semânticas entre as consultas, relacionando as consultas que estão redigidas de forma diferente, mas que têm o mesmo sentido da palavra. Mas este sistema não consegue melhorar a noção de interesse das consultas sugeridas e desenvolver outras noções de interesse para o sistema de recomendação de consultas. Por exemplo, não consegue encontrar consultas que partilham palavras mas não URLs clicados. Isto pode implicar que as palavras comuns têm significados diferentes se o texto dos URLs também não for partilhado. Assim, o sistema não consegue detetar palavras polissémicas. Por outro lado, se as palavras não são partilhadas e os muitos termos nos URLs são partilhados, isso pode implicar uma relação semântica entre as palavras que pode ser armazenada numa ontologia [3].

Rana Forsati *et al. propuseram* técnicas eficazes e escaláveis para resolver o problema da recomendação de páginas Web. Utilizaram autómatos de aprendizagem distribuídos para aprender o comportamento de utilizadores anteriores e agrupar páginas com base nos padrões aprendidos. Resolveram o principal problema do sistema de recomendação adicionando páginas não visitadas e páginas recentemente adicionadas. É possível que existam páginas que ainda não foram visitadas, embora estejam relacionadas e possam ser interessantes para a lista de recomendações. Esses recursos podem ser páginas Web recentemente adicionadas ou páginas que têm ligações para elas não apresentadas de forma evidente devido a uma má conceção. Foi introduzido um novo algoritmo de extração de regras de associação ponderadas [10].

M. Sahami *et al.* apresentaram uma abordagem de semelhança de consultas baseada nos excertos das respostas às consultas. No entanto, não têm em conta o feedback do utilizador (*ou seja*, as páginas clicadas). Outro trabalho relacionado define uma taxonomia de consultas para agrupar as respostas, mas os registos de consultas não são utilizados, enquanto num trabalho posterior utilizam os registos de consultas para manter uma taxonomia, mas não para construir uma [28].

2.2.2Feedback do utilizador

Eugene Agichtein *et al.* mostraram que a incorporação de dados sobre o comportamento dos utilizadores pode melhorar significativamente a ordenação dos principais resultados num contexto real de pesquisa na Web. Além disso, foram examinadas as alternativas para incorporar o feedback no processo de classificação e exploradas as contribuições do feedback do utilizador em comparação com outras caraterísticas comuns da pesquisa na Web. O feedback de relevância implícito para a classificação e a personalização tornou-se uma área de investigação ativa. Os autores exploraram a utilidade de incorporar feedback implícito e ruidoso obtido num contexto real de pesquisa na Web para melhorar a classificação da pesquisa na Web. Os contributos específicos do seu trabalho incluem a análise de alternativas para incorporar o comportamento dos utilizadores na classificação das pesquisas na Web, a aplicação de um modelo robusto de feedback implícito, derivado da extração de milhões de interações de utilizadores com um grande motor de pesquisa na Web, e uma avaliação em grande escala de consultas reais de utilizadores e resultados de pesquisa, que mostra melhorias significativas derivadas da incorporação do feedback dos utilizadores [6].

Madhuri Potey *et al.* utilizaram o registo de consultas, que pode ser considerado como a bolsa de informações valiosas que mantém o registo das consultas de pesquisa dos utilizadores e das acções específicas realizadas pelo utilizador. A abordagem estudou diferentes métodos baseados na extração de dados. Ao explorar as informações registadas, é fácil extrair a intenção de pesquisa, as preferências, os interesses, os comportamentos de pesquisa e o feedback implícito dos utilizadores. Em seguida, foi feita uma avaliação comparativa na área do processamento do registo de consultas para uma recuperação eficiente da informação. Além disso, a abordagem classificou a intenção de pesquisa de consultas Web do utilizador com base na extração de conhecimentos do processamento do registo de consultas para uma extração adequada de informações. Mas o sistema, por vezes, não consegue identificar corretamente a intenção de pesquisa do utilizador para reescrever a consulta [4].

2.2.3Snipets clicados

Yiqun Liu *et al.* apresentaram uma abordagem para detetar as necessidades reais de informação dos utilizadores através da extração de fragmentos. A abordagem baseada em snippets considera que as necessidades de informação dos utilizadores são melhor descritas na sua interação com o motor de busca, mais especificamente, nos snippets dos resultados em que os utilizadores clicam. A ideia principal desse sistema é que, se o utilizador clicar num determinado resultado da lista, isso mostra que o utilizador leu esse fragmento específico e que está interessado nesse fragmento e não no resultado. Mas este sistema não tem em conta a localização e os sinónimos, que podem ser úteis para melhorar os resultados da pesquisa [5].

Poonam Goyal *et al.* propuseram um método para facilitar aos utilizadores as recomendações de consulta em que os conceitos relacionados com as necessidades de informação dos utilizadores são sugeridos aos utilizadores para satisfazer as suas necessidades de informação exactas. Para o efeito, extraíram os conceitos dos excertos da Web e utilizaram duas funções de ponderação para medir a relevância entre a consulta e o conceito. Os conceitos relacionados com significados diferentes são selecionados e recomendados como sugestões de consulta aos utilizadores. O sistema tem em conta os fragmentos, mas não compreende as necessidades de informação dos vários utilizadores por detrás da pesquisa [7].

2.2.4Sessões de utilizadores

Georges Dupret *et al.* propuseram um novo algoritmo de recomendação de consultas. Uma consulta é um conjunto de uma ou mais palavras-chave que representam uma necessidade de informação formulada para o motor de busca. A mesma consulta pode ser submetida várias vezes. Cada submissão induz uma instância de consulta diferente. Uma sessão de consulta é constituída por uma consulta e pelos URLs em que o utilizador clicou, enquanto um clique é uma seleção de página Web pertencente a uma sessão de consulta. Também definimos uma noção de consistência entre uma consulta e um documento [15].

D. Befferman *et al.* propuseram uma técnica de agrupamento de consultas baseada na noção de distância, *ou seja*, baseada em URLs clicados em comum. As noções baseadas em palavras-chave ou frases da consulta, baseadas na correspondência de cadeias de palavras-chave e baseadas em URLs clicados em comum são difíceis de tratar na prática, porque as matrizes de distância entre consultas geradas por elas a partir de registos de consultas reais são muito esparsas e muitas consultas com ligações semânticas aparecem como objectos ortogonais nessas matrizes. São necessários algoritmos de agrupamento ad-hoc para lidar com este problema. A noção baseada na distância dos documentos clicados numa hierarquia pré-definida necessita de uma taxonomia de conceitos e exige que os documentos clicados também sejam classificados na taxonomia [29].

B. Fonseca *et al.* apresentaram um método para descobrir consultas relacionadas com base em regras de mineração de associação. Neste caso, as consultas representam itens nas regras de associação tradicionais. O registo de consultas é visto como um conjunto de transacções, em que cada transação representa uma sessão em que um único utilizador submete uma sequência de consultas relacionadas num intervalo de tempo. Extraíram sessões de utilizadores dos registos de consultas dos motores de busca como transacções, em que cada sessão é representada por várias consultas submetidas por um utilizador num intervalo de tempo especificado. O método baseia-se na consideração de que, durante uma sessão, um utilizador define as suas necessidades de informação através da apresentação de um conjunto de consultas; se diferentes consultas ocorrerem simultaneamente em muitas sessões de utilizadores, estas consultas são consideradas consultas relacionadas. Infelizmente, este método não sugere uma abordagem eficaz e eficiente para segmentar as sessões dos utilizadores. Além disso, algumas consultas relacionadas submetidas por diferentes utilizadores não podem ser descobertas facilmente. O método apresenta bons resultados, mas surgem dois problemas. Em primeiro lugar, é difícil determinar sessões de consultas sucessivas que pertencem ao mesmo processo de pesquisa; por outro lado, as consultas relacionadas mais interessantes, as submetidas por diferentes utilizadores, não podem ser descobertas. Isto porque o apoio de uma regra só aumenta se as suas consultas aparecerem na mesma sessão de pesquisa, pelo que devem ser apresentadas pelo mesmo utilizador. No seu trabalho posterior, melhoraram ligeiramente o algoritmo de extração de sessões e construíram um gráfico de relação de consultas utilizando a relação entre consultas extraídas de diferentes sessões. Depois disso, os subconjuntos de consultas que estão fortemente relacionados entre si foram identificados como conceitos relacionados e mostrados aos utilizadores [9, 18].

C. Sumathi *et al.* centraram-se no sistema de recomendação baseado nos padrões de navegação dos utilizadores e fornecem recomendações adequadas para satisfazer as necessidades de informação dos utilizadores actuais. A abordagem proposta, baseada em sessões, classifica e tenta fazer corresponder um utilizador em linha com base nos seus interesses de navegação. A abordagem sugerida é eficaz para a recomendação de páginas não visitadas. É utilizada uma abordagem de pré-processamento e agrupamento de dados offline para determinar grupos de utilizadores com padrões de navegação semelhantes. Mas o sistema não consegue avaliar a qualidade das recomendações porque não utiliza as técnicas de otimização para a recomendação [30].

Shi Xiaodong *et al.* desenvolveram um modelo melhorado baseado em regras de extração de associações para consultas relacionadas. Propuseram uma abordagem simples, eficiente e eficaz de segmentação de sessões de utilizadores com o algoritmo correspondente. Utilizaram a distância Levenshtein para o cálculo do fator de confiança que é utilizado para encontrar as consultas relacionadas. Mas esta abordagem falha de alguma forma devido ao facto de a distância Levenshtein nem sempre funcionar bem quando denota a semelhança entre duas consultas chinesas [20].

2.2.5Sem utilizar o registo de consultas

Sumit Bhatia *et al.* propuseram uma abordagem probabilística para gerar sugestões de consultas sem utilizar registos de consultas. O seu pressuposto é que, por vezes, o utilizador coloca a consulta que não está presente no registo de consultas e que é também a consulta menos frequente, pelo que utilizaram o corpus de documentos para extrair o conjunto de candidatos. Assim, é proposta uma abordagem probabilística centrada no documento para gerar sugestões de consultas que não dependem dos registos de consultas e utilizam apenas a coocorrência de termos no corpus. A sua abordagem baseia-se no pressuposto de que os registos de consultas do motor de busca podem nem sempre estar acessíveis em algumas aplicações devido às restrições legais e privadas mantidas para os dados de registo. Esta abordagem é útil quando, por vezes, o utilizador final coloca uma questão que não está presente nos dados do registo de consultas de um motor de pesquisa ou quando essa questão é de baixa frequência. Utilizaram o corpus de documentos para extrair o conjunto de frases candidatas. Neste processo, extraem e indexam frases do corpus de documentos e, quando o utilizador começa a escrever uma consulta, essas frases são utilizadas para completar a consulta parcial do utilizador. Depois disso, as consultas completas são oferecidas como sugestões ao utilizador. Mas esta abordagem é essencialmente não supervisionada e também limitada na sugestão de consultas que são formadas pela combinação de poucas frases relacionadas do próprio corpus. As sugestões geradas pelo sistema são, na sua maioria, mal formadas e não são significativas como consultas de pesquisa [31].

2.2.6Identificação da intenção

Fan Guo *et al. concentraram-se* numa abordagem para colmatar a lacuna entre os trabalhos anteriores, que estudaram e se centraram na forma de medir o clique único a partir da página de resultados, e a realidade de múltiplos cliques em documentos Web numa única página de resultados, o que é comum. Para o efeito, propuseram dois modelos de clique, *ou seja*, o modelo de clique independente, que é reformulado a partir do trabalho anterior, e o modelo de clique dependente, que tem em consideração as dependências entre vários cliques. Ambos os modelos foram aprendidos de forma eficiente e eficaz com complexidades lineares de tempo e espaço. Além disso, estes modelos podem ser actualizados de forma incremental à medida que vão chegando novos registos de cliques. O ganho de desempenho do sistema é maior na previsão das posições dos últimos cliques, em que a capacidade de modelar as dependências dos cliques é uma necessidade. Mas estes modelos não são mais robustos e a configuração também não inclui a participação ativa do utilizador, o que pode resultar em melhores resultados [21].

Daniele Broccolo *et al.* *propuseram* dois novos algoritmos incrementais que actualizam continuamente o seu modelo com base em cada nova consulta processada. Estes algoritmos são motivados por alguns problemas, como a disponibilidade limitada de memória e o baixo tempo de resposta às consultas. Uma vez que a maioria dos recomendadores de consultas se baseia em modelos de conhecimento estáticos construídos com base no comportamento passado do utilizador registado nos registos de consultas. Estes modelos devem ser periodicamente actualizados, ou reconstruídos a partir do zero, para se manterem actualizados com as possíveis variações nos interesses dos utilizadores. Além disso, foi proposto um mecanismo de avaliação automática baseado em duas novas métricas para avaliar a eficácia do algoritmo de recomendação de consultas. A avaliação do método foi efectuada automaticamente para avaliar a eficácia dos algoritmos de recomendação de consultas. Esta abordagem reduz o efeito de envelhecimento que pode ocorrer com a mudança de interesse do utilizador ao longo do tempo, uma vez que novos tópicos se tornam populares com o tempo. Além disso, a abordagem gera sugestões interessantes e de alta qualidade, mas a abordagem incremental é um pouco difícil de compreender e também requer muita memória, uma vez que é actualizada automaticamente [26].

Hossein Vahabi *et al.* centraram-se na abordagem que procura consultas que são semanticamente semelhantes à consulta original do utilizador. Para isso, propuseram uma abordagem que não se baseia nas palavras-chave da consulta original, e a pesquisa baseia-se nas consultas ortogonais, que são consultas relacionadas que não têm termos comuns com a consulta original dos utilizadores. A abordagem encontra intencionalmente as consultas ortogonais para satisfazer as necessidades de informação dos utilizadores quando uma pequena alteração do conjunto de palavras-chave original não é suficiente. Como a abordagem considera a relação semântica entre as consultas, por vezes produz resultados irrelevantes quando não consegue relacionar semanticamente as duas palavras da consulta [17].

Osmar Zaiane *et al.* utilizaram a semelhança de conteúdos para recomendar consultas semelhantes utilizando a Query Memory, uma estrutura de dados que contém o traço coletivo das consultas e também informações adicionais relativas às consultas que ajudariam a medir as semelhanças entre consultas. O traço de consulta é um registo que contém consultas previamente submetidas. Apresentaram um método para construir um sistema que sugere automaticamente consultas semelhantes quando os resultados de uma consulta não são satisfatórios. Partindo do princípio de que cada consulta de pesquisa pode ser expressa de forma diferente e que outros utilizadores com necessidades de informação semelhantes poderiam já tê-la expressado melhor, o sistema utiliza o conhecimento colaborativo de diferentes utilizadores de motores de pesquisa para recomendar novas formas de expressar a mesma necessidade de informação. A abordagem baseia-se na noção de quasesimilaridade entre consultas, uma vez que a semelhança total com uma consulta insatisfatória levaria à desilusão. A principal vantagem deste método é que sugere as consultas quando o utilizador não está satisfeito com o resultado da pesquisa atual, mas por vezes este método produz resultados irrelevantes e deixa a escolha ao critério do utilizador [19].

Silviu Cucerzan *et al.* apresentaram um método para sugerir consultas com base na prospeção de comportamentos de navegação pós-consulta, designados por "trajectos de pesquisa". Utilizaram as páginas de destino do utilizador, *ou seja*, as páginas finais dos percursos de pesquisa para gerar sugestões de consultas. Para cada página de destino de uma consulta submetida pelo utilizador, identificam consultas dos registos de consultas que têm essas páginas de destino como um dos seus 10 principais resultados e essas consultas são utilizadas para sugestões. A utilização de páginas de destino capta principalmente os casos em que as necessidades dos utilizadores são satisfeitas por um motor de busca (ou páginas a alguns cliques de uma página de resultados), enquanto a utilização de sessões de consulta capta principalmente os outros casos, em que os utilizadores refinam as consultas para direcionar o motor de busca para um novo espaço de resultados porque não ficaram completamente satisfeitos com os resultados da consulta original. As sugestões de páginas de destino geram modificações menos substanciais do espaço de resultados da pesquisa, ao passo que as sugestões de sessões de consulta podem alterar mais significativamente a direção da pesquisa [22].

Ravi Bhushan *et al.* propuseram uma abordagem de recomendação da Web baseada na aprendizagem a partir de registos da Web e recomendam ao utilizador uma lista de páginas da Web que são relevantes para ele, comparando-as com os padrões históricos e também reordenando as páginas de resultados. Os registos da Web são repositórios de informações valiosas, que registam as actividades do utilizador na Web durante a pesquisa. Os autores propuseram duas funções de peso para eliminar os conceitos irrelevantes que são extraídos com a ajuda do processo de extração de conceitos. O sistema revela-se eficiente, uma vez que reduz o tempo de pesquisa do utilizador ao colocar as páginas resultantes desejadas no topo do resultado e também consegue identificar todas as categorias a que uma consulta pode pertencer. A abordagem apresentada é simples e permite que os utilizadores da Web criem facilmente uma consulta de pesquisa adequada com a terminologia do domínio de conhecimento, o que ajudará o motor de pesquisa a obter os resultados pretendidos. No entanto, o sistema tem o mesmo inconveniente, uma vez que tem em conta os padrões históricos do utilizador e tentará fazer corresponder os interesses de pesquisa de dois utilizadores diferentes [12].

Qi He *et al.* propuseram uma nova abordagem de previsão de consultas sequenciais para compreender a intenção de pesquisa de um utilizador com base na sua sequência de consultas passadas e na sua semelhança com modelos de sequências de consultas históricas extraídas de dados de registo de motores de busca maciços. No entanto, a construção de um bom sistema de recomendação Web é muito difícil devido ao desafio de prever a intenção de pesquisa dos utilizadores, mais provavelmente quando se dispõe de informação limitada sobre o contexto do utilizador. Ao contrário dos trabalhos anteriores, em que apenas uma única consulta anterior é utilizada para a previsão, este trabalho considera um número variável de consultas anteriores e capta eficazmente informações de contexto mais complexas para a recomendação, apresentando um modelo markov de memória variável mista. Os resultados mostram que as abordagens sequenciais superam significativamente as abordagens convencionais de pares em termos de exatidão da previsão [24].

Ida Mele concentrou-se em duas questões importantes: melhorar o desempenho dos motores de pesquisa através da memorização estática dos resultados da pesquisa e ajudar os utilizadores a encontrar páginas Web interessantes através da recomendação de artigos de notícias e de publicações no blogue. No que respeita ao armazenamento em cache estático dos resultados de pesquisa, é apresentada a abordagem de cobertura de consultas. A ideia geral é preencher a cache com os documentos que contribuem para as páginas de resultados de um grande número de consultas, em vez de armazenar em cache os principais documentos das consultas mais frequentes. Para a recomendação de páginas Web, é apresentada uma abordagem baseada em gráficos, que utiliza os registos de navegação dos utilizadores para identificar os primeiros utilizadores. Estes utilizadores descobrem conteúdos interessantes antes dos outros, e monitorizam a sua atividade para encontrar páginas Web a recomendar [25].

Georges Dupret *et al.* apresentaram um método para recomendar melhores consultas com base em dados de cliques registados no registo do utilizador. Apesar de afirmarem que o método pode descobrir consultas alternativas que podem melhorar a classificação dos documentos nos motores de busca, não apresentaram quaisquer resultados de experiências que demonstrem a sua superioridade [15].

2.2.7Sinónimos

Jan Nemrava descreveu uma forma de ultrapassar um dos principais inconvenientes dos actuais motores de pesquisa. A abordagem lida com sinónimos das palavras-chave devolvidas para a palavra consultada, agrupando-as na categoria de sinónimos relevantes de uma determinada palavra. A abordagem utiliza a base de dados lexical WordNet e várias abordagens linguísticas para classificar os resultados na página de resultados do motor de pesquisa na categoria de sinónimos adequada, de acordo com os conjuntos de sinónimos WordNet, sendo a Wordnet uma grande base de dados lexical que contém palavras ordenadas em conjuntos de sinónimos. O sistema tem vários inconvenientes; alguns deles são a velocidade do sistema, que depende das respostas da API do Google, que são bastante lentas, e a limitação da interface de pesquisa na Web do Google; além disso, o sistema não descobre como explorar a hierarquia da WordNet e envolver glosas de instâncias de classe e subconceitos [11].

Shen Xiaoyan *et al.* propuseram uma abordagem eficaz para a sugestão de consultas. Esta abordagem aceita uma consulta chinesa na Web como entrada e não só identifica as consultas relacionadas já existentes no registo de consultas previamente submetidas do motor de busca, como também utiliza sinónimos extraídos do corpus baseado na Web para construir novas consultas relacionadas. Em seguida, classifica as consultas de acordo com o grau de relação, a atualidade e a eficácia. Esta abordagem ajuda muitos utilizadores novatos que têm dificuldade em formular consultas eficazes para as suas necessidades de informação, recomendando uma lista de consultas relacionadas para uma determinada consulta inicial submetida a um motor de busca. Esta abordagem demonstra a sua eficácia na recomendação de consultas relacionadas para consultas de alta frequência do que para consultas de baixa frequência. Mas este método só pode funcionar para consultas Web de entrada em chinês [32].

2.2.8Localização e preferência do utilizador

Mrlene Gonçalves *et al.* incluíram caraterísticas geo-específicas nas consultas efectuadas através da Internet com dispositivos sensíveis à localização. Por outro lado, existem aplicações actuais em que um utilizador está interessado em ver os melhores objectos escolhidos de uma grande coleção, com base em vários critérios. O Skyline tem sido utilizado para filtrar os objectos que melhor correspondem às preferências do utilizador. A fusão da localização geográfica e das preferências torna possível um novo tipo de consultas de horizonte que tem em consideração tanto a proximidade da localização como as preferências dos utilizadores. Uma linha do horizonte baseada na localização é uma extensão da linha do horizonte, que depende da localização geográfica dos objectos da Internet. Os autores desenvolveram uma ferramenta Web que apresenta o resultado e propuseram um novo algoritmo para avaliar as consultas de horizonte baseadas na localização. Mas o sistema pode superar os algoritmos existentes para consultas de elevada dimensão quando os dados não estão duplicados [33].

Pinyapong Sineenard apresentou algoritmos de processamento de consultas para tempo, local, objetivo e perfil pessoal para recomendação móvel sensível. A sua abordagem baseia-se no pressuposto de que, atualmente, cada vez mais pessoas começam a utilizar telemóveis para aceder às informações de que necessitam em qualquer lugar e a qualquer momento. Como na tecnologia móvel avançada, o serviço de localização permite ao utilizador identificar rapidamente a sua localização atual. Resumiram as regras básicas para analisar os dados essenciais e os algoritmos de processamento de consultas. Além disso, foi apresentada a relação entre tempo, local e objetivo, uma vez que estes três factores podem ser aplicados para um serviço mais eficiente. As regras básicas para analisar os dados essenciais e os algoritmos para o processamento de consultas são propostas com o perfil pessoal, que foi aplicado para a filtragem de mensagens com a facilidade de envio de mensagens [23].

2.3 Motivação

Verificámos que os vários métodos de recomendação de consultas que incluem apenas o excerto clicado ou os dados de registo da consulta ou a intenção do utilizador ou a localização ou os sinónimos não são capazes de fornecer melhores recomendações. Nenhum destes métodos fornece um documento adequado, mas relevante, no topo da lista de resultados. Por conseguinte, para manter a fiabilidade, é necessário combinar diferentes parâmetros, tais como

- Preferência do utilizador, que é útil para considerar a intenção de pesquisa do utilizador,
- Localização que é útil para considerar a localização atual dos utilizadores,
- Snippet que desperta o interesse dos utilizadores, e
- Sinónimos extraídos para palavras-chave para considerar todos os sentidos das palavras.

O principal objetivo do trabalho de investigação é desenvolver um sistema de recomendação rápido e melhor para garantir a fiabilidade da pesquisa e satisfazer as necessidades de informação dos utilizadores.

2.4 Definição do problema

Existem diferentes métodos de recomendação de consultas que tentam sugerir consultas relacionadas utilizando dados do registo de consultas anteriores [19], histórico de snippets [5, 28], sem utilizar o registo de consultas [31], regra de associação [9], agrupamento aglomerativo [28, 29], algoritmos incrementais [26], previsão de consultas [24], etc. Mas estes métodos baseados em palavras-chave não consideram exatamente a intenção de pesquisa do utilizador atual e também não recomendam consultas de baixa frequência.

Diferentes métodos baseados em conteúdos sugerem uma lista de consultas relacionadas com base num processo de agrupamento de consultas. Estes métodos agrupam consultas semelhantes para recomendar URLs de consultas frequentes.

No entanto, nos métodos baseados no contexto do clique, a necessidade de informação é representada pelo conjunto de URLs clicados pelos utilizadores no momento da pesquisa. Observa-se que a necessidade de informação não pode ser claramente descrita pelo conteúdo da consulta, porque a consulta é curta, simples e possivelmente ambígua. Também não é claramente descrita pelos dados de registo dos URLs clicados, porque os URLs não representam explicitamente as necessidades de informação dos utilizadores.

O principal problema com este tipo de métodos de recomendação é que não compreendem as necessidades reais de informação dos utilizadores e não têm em consideração a intenção de pesquisa dos utilizadores actuais. Estes métodos consideram que o utilizador partilha interesses semelhantes com outros utilizadores que propuseram consultas semelhantes no passado. Este pressuposto é correto para a maioria das consultas quentes, mas por vezes não fornece recomendações adequadas para consultas de baixa frequência [5].

Para resolver estes problemas e gerar melhores resultados de recomendação, temos de descobrir a forma como os utilizadores descrevem as suas necessidades de informação. Esta informação pode ser utilizada para organizar as consultas com um significado mais exato. Se analisarmos o processo de interação do utilizador com o motor de busca, podemos constatar que o comportamento dos cliques dos utilizadores contém, na sua maioria, os vestígios das suas necessidades de informação actuais. Assim, quando os utilizadores clicam em determinados resultados, isso significa possivelmente que o utilizador está interessado no fragmento do documento resultante [5].

Nesta dissertação, apresentamos a estrutura de recomendação de consultas que é eficaz e mais eficiente. É necessário combinar os snippets, a preferência do utilizador, a localização e os sinónimos extraídos para melhorar a fiabilidade do processo de pesquisa. Espera-se que a incorporação da preferência do utilizador, da localização e dos sinónimos no sistema de recomendação de consultas baseado em snippets dê uma recomendação mais precisa com base na entrada.

Capítulo 3

DESENVOLVIMENTO DE SISTEMAS

A incorporação da preferência do utilizador, da localização e dos sinónimos no sistema de recomendação de consultas baseado em snippets foi apresentada para melhorar o processo de pesquisa do motor de busca.

3.1 Antecedentes

Recentemente, os motores de pesquisa foram melhorados com as funcionalidades de recomendação para emitir juízos explícitos sobre resultados específicos, para armazenar as consultas apresentadas e para organizar os resultados pesquisados.

Os sistemas de recomendação permitem conhecer o desempenho dos utilizadores e fazer recomendações. Podem ser utilizados para recomendar produtos como livros, filmes, música, etc. E conteúdos Web, como notícias e fotografias. Os sistemas de recomendação podem ser baseados em conteúdo, em que o sistema recomenda itens semelhantes aos que o utilizador preferiu no passado, baseados em filtragem colaborativa, em que recomenda itens que pessoas com gostos semelhantes gostaram no passado, e híbridos, em que combina abordagens de conteúdo e de filtragem colaborativa [25].

Para a tarefa de recomendação de consultas, tentamos dar uma classificação das consultas que estão relacionadas com a consulta original proposta e que representam melhor as necessidades de informação dos utilizadores do que essa consulta. Para este efeito, a necessidade denota a necessidade real de informação do utilizador e a consulta denota a consulta original.

A figura 3.1 mostra o processo em que os utilizadores expressam as suas necessidades de informação através de consultas. A figura 3.1 mostra que a necessidade é implícita para os motores de pesquisa, enquanto a consulta é explicitamente proposta aos motores de pesquisa e a lista de resultados é gerada de acordo com a consulta [5]. Este fenómeno é determinado pelo atual método de interação dos motores de pesquisa, em que a necessidade de informação é representada pela consulta proposta aos motores de pesquisa.

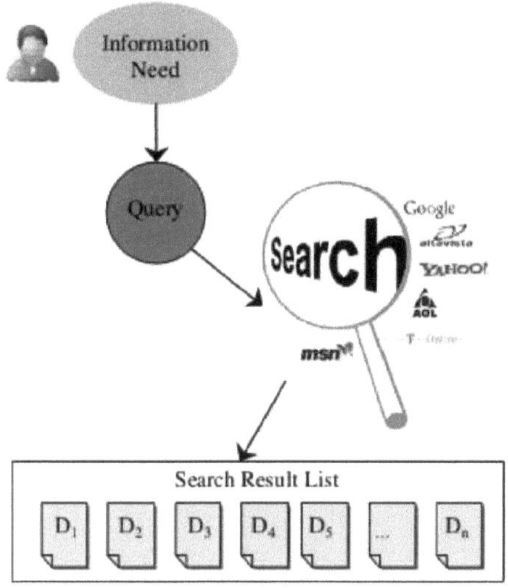

Figura 3.1: Processo de pesquisa dos utilizadores em que as consultas são utilizadas para exprimir as necessidades de informação

Quando analisamos o processo de interação do utilizador com os motores de busca, é possível descobrir por que razão os cliques do utilizador só podem ser considerados fontes de informação pouco fiáveis. Na figura 3.2, podemos ver que os utilizadores não navegaram para o documento de resultados quando decidem clicar no resultado [5]. Esta decisão não é tomada através da leitura do conteúdo da página, porque o utilizador ainda não o leu. Em vez disso, é tomada através da leitura do excerto da página apresentado na lista de resultados, porque os utilizadores já o leram.

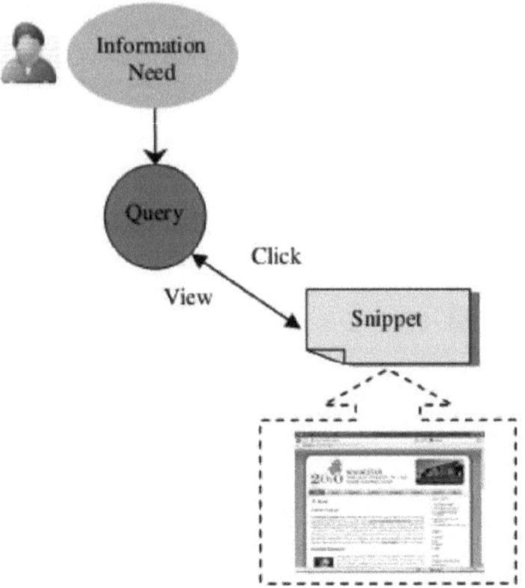

Figura 3.2: Processo de interação do utilizador com os motores de busca

O snippet não representa necessariamente o significado completo e exato do documento original. Por conseguinte, os documentos clicados pelo utilizador nem sempre são relevantes para as consultas propostas. Isto explica porque é que o clique do utilizador é uma fonte de informação de feedback "pouco fiável", porque só pode ser considerado como a preferência do utilizador pelo snippet. Em vez disso, é provável que os snippets correspondentes contenham conteúdos úteis para o utilizador. Os utilizadores estão interessados no conteúdo do snippet porque este contém palavras-chave que estão relacionadas com as suas necessidades de informação. Se conseguirmos localizar essas palavras-chave, elas podem ser adoptadas como recomendações para descrever as necessidades reais de informação do utilizador.

Assim, a ideia principal da nossa estrutura de recomendação de consultas é localizar palavras-chave que apareçam em snippets clicados pelo utilizador e que possam descrever as necessidades de informação do utilizador. Ao contrário dos métodos de recomendação anteriores, baseia-se em informações extraídas do processo de clique dos utilizadores em vez do histórico de consultas propostas por outros utilizadores. Embora esta fonte de informação seja "pouco fiável" para o feedback de relevância, pode ser útil para a tarefa de recomendação de consultas. Podemos ver pelo processo de interação que os documentos clicados não satisfazem necessariamente as necessidades de informação dos utilizadores [5].

Para saber mais sobre um utilizador, os sistemas têm de recolher informações pessoais, analisá-las e armazenar os resultados da análise num perfil de utilizador. As informações podem ser recolhidas dos utilizadores de duas formas: explicitamente, por exemplo, pedindo feedback, como preferências ou classificações; ou implicitamente, por exemplo, observando os comportamentos do utilizador, como o tempo passado a ler um documento em linha.

3.2 Introdução à abordagem de sistema

Tem sido feito um enorme trabalho no domínio da recomendação de consultas, tendo em conta diferentes factores como o tempo, o perfil pessoal, as preferências, os snippets, a localização dos utilizadores, os dados de cliques do registo de consultas, os sinónimos extraídos para as palavras-chave, etc. Entre estes, a combinação de diferentes parâmetros pode ser considerada para dar uma melhor recomendação a todos os tipos de utilizadores com diferentes intenções de pesquisa. Por esta razão, o sistema foi concebido com base nas preferências do utilizador, na localização, na consulta atual do utilizador, para além de considerar sinónimos extraídos para as palavras-chave localizadas nos snippets.

A incorporação das preferências do utilizador, da localização e dos sinónimos no sistema de recomendação de consultas baseado em snippets baseia-se no pressuposto de que as necessidades de informação dos utilizadores são melhor descritas em snippets dos resultados em que já clicaram. Isto porque, quando o utilizador clica num determinado resultado de pesquisa, não significa necessariamente que esteja interessado no resultado, porque ainda não viu o documento resultante. Significa provavelmente que está interessado nos fragmentos do documento resultante correspondente, porque esses fragmentos são efetivamente mostrados e lidos pelos utilizadores. De acordo com este pressuposto, o sistema de recomendação de consultas baseado em snippets incorpora a preferência do utilizador, a localização e sinónimo, utilizando os dados de registo dos snippets clicados e os sinónimos extraídos do serviço de sinónimos em linha.

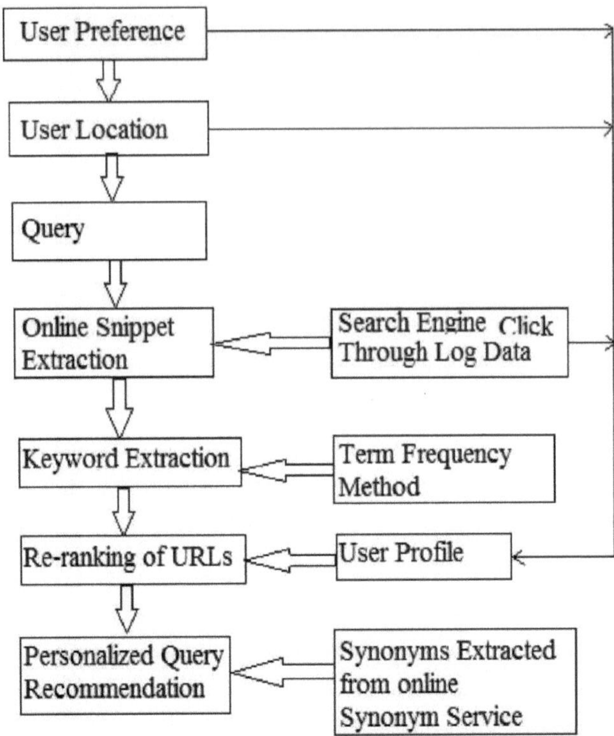

Figura 3.3: Diagrama de fluxo básico da incorporação da preferência do utilizador, localização e sinónimos no sistema de recomendação de consultas baseado em snippets

Muitos métodos de recomendação de consultas sugerem consultas relacionadas através da extração de informações de documentos clicados, uma vez que se espera que estes documentos contenham as preferências dos utilizadores e juízos de relevância. Diferentes métodos baseados em dados de consultas anteriores, histórico de snippets, registo de cliques não consideram exatamente a intenção de pesquisa do utilizador atual e, por vezes, também não recomendam consultas de baixa frequência. Para além dos fragmentos de documentos clicados, os sinónimos extraídos e as preferências do utilizador podem ser integrados para melhorar o desempenho do motor de busca. Além disso, a localização do utilizador pode ser adicionada ao perfil do utilizador atual para especificar a intenção de pesquisa dos utilizadores. A integração dos sinónimos, da preferência do utilizador e da localização com o sistema de recomendação baseado em snippets é suscetível de fornecer uma recomendação melhor, mais precisa e mais satisfatória com base nos dados introduzidos. A figura 3.3 mostra o fluxo básico da abordagem de recomendação de consultas baseada em snippets, intenção do utilizador, localização e sinónimos.

O fluxo de incorporação das preferências do utilizador, da localização e dos sinónimos no sistema de recomendação de consultas baseado em snippets é descrito da seguinte forma,

1. Preferência do utilizador: A preferência do utilizador mostra a intenção de pesquisa do utilizador. *Ou seja*, se a palavra de consulta for polissémica, como maçã, podemos pedir ao utilizador que introduza qualquer outro sentido da palavra, seja empresa ou fruta.

2. Localização do utilizador: A localização atual dos utilizadores é tomada como entrada para uma melhor recomendação.

3. Consulta: A consulta original do utilizador é utilizada para o processo de recomendação.

4. Extrair fragmentos: Os snippets são recuperados a partir dos dados de registo das consultas do motor de busca. Estes snippets são recuperados em linha com base na intenção do utilizador e na consulta original.

5. Recomendação de URLs: Os URLs são recomendados ao utilizador tendo em conta os sinónimos extraídos para as palavras-chave nos snippets. Os sinónimos são obtidos a partir dos serviços de sinónimos em linha.

6. Re-classificação de URLs: Os URL recomendados são reclassificados com base no perfil do utilizador. Os perfis dos utilizadores são utilizados para modificar a representação apresentada das necessidades de informação. O perfil do utilizador é criado automaticamente a partir da intenção do utilizador, do padrão de localização e do padrão de cliques. Todas as informações são fornecidas pelo utilizador assim que o sistema é utilizado pelo utilizador.

7. Recomendação de consulta personalizada: Por fim, os URLs reclassificados são recomendados ao utilizador como resultado. A recomendação baseia-se nas preferências do utilizador, na localização, nos sinónimos e nos snippets recuperados dos dados de registo do motor de busca online.

3.3 Metodologia

A preferência do utilizador, a localização e a informação extraída dos sinónimos são aplicadas juntamente com o snippet. A metodologia de trabalho que incorpora a preferência do utilizador, a localização e os sinónimos no sistema de recomendação de consultas baseado em snippets dá melhores resultados de recomendação para satisfazer a intenção de pesquisa do utilizador.

3.3.1 Incorporar o interesse e a localização do utilizador na recomendação de consultas baseada em snippets

Recentemente, cada vez mais pessoas começaram a utilizar telemóveis para aceder às informações de que necessitam a qualquer momento e em qualquer lugar. Na tecnologia móvel avançada, o serviço de localização permite ao utilizador identificar rapidamente a sua localização. Com base no perfil do utilizador, podemos fazer uma recomendação adequada, tendo em conta a intenção de pesquisa atual do utilizador.

O método de recomendação de consultas baseado em snippets baseia-se na consideração de que as necessidades actuais de informação dos utilizadores estão descritas em snippets do resultado clicado pelo utilizador, porque quando o utilizador clica num determinado resultado de pesquisa, significa provavelmente que o utilizador está interessado nos snippets do documento resultante correspondente. Como os fragmentos são lidos pelos utilizadores e não o documento resultante, o utilizador ainda não viu a página de resultados.

Assim, para além dos sinónimos, a preferência do utilizador e a informação sobre a localização podem ser adicionadas ao sistema de recomendação baseado em fragmentos. Tal como no método baseado em fragmentos, se o utilizador estiver num local específico, o sistema não tem em conta a localização do utilizador e recomenda-o sem ter em conta a localização. Mas no método de recomendação, a localização melhora a precisão do resultado juntamente com a extração de palavras-chave. A figura 3.4 mostra o funcionamento do método de recomendação de consultas baseado em fragmentos.

As tarefas de recomendação de consultas tentam classificar os snippets que estão relacionados com a consulta original proposta com base no perfil do utilizador. Os utilizadores estão interessados no dos snippets porque estes contêm palavras-chave relacionadas com as suas necessidades de informação e são efetivamente mostrados e lidos pelo utilizador. Por conseguinte, a ideia principal da recomendação de consulta baseada em snippets incorporada com a localização dos utilizadores é localizar palavras-chave que aparecem nos snippets clicados pelos utilizadores e que podem descrever as necessidades de informação dos utilizadores. Ao contrário de outros métodos de recomendação, baseia-se em informações extraídas dos dados de registo dos cliques em vez do histórico.

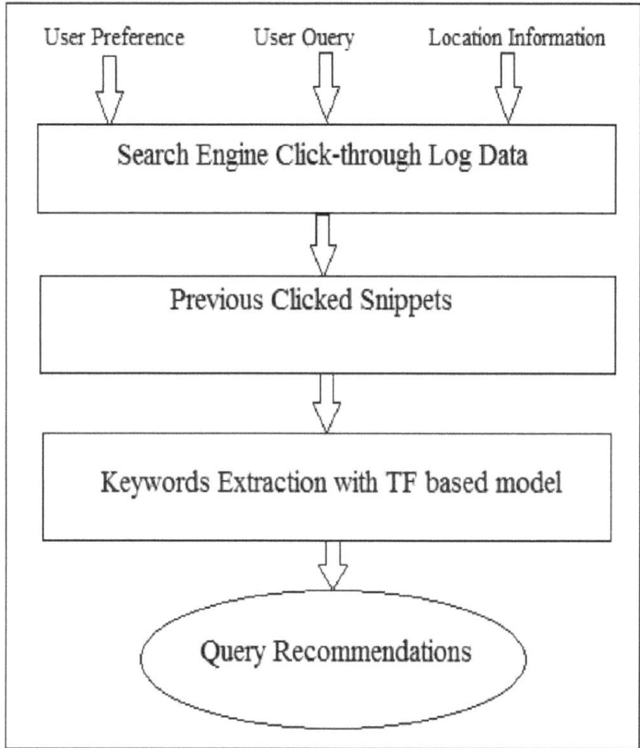

Figura 3.4: Sistema de recomendação de consultas baseado em snippets incorporando as preferências e a localização do utilizador

3.3.2Incorporação de sinónimos na recomendação de consultas baseada em snippets

O sistema de recomendação baseado em sinónimos considera a localização e a preferência dos utilizadores, juntamente com os sinónimos extraídos para as palavras-chave recuperadas com a extração de snippets para as palavras de consulta. Tal como nos métodos anteriores, se o utilizador estiver num local especificado, o sistema não tem em conta a localização do utilizador e recomenda-o sem ter em conta a localização, mas no método de recomendação baseado em sinónimos melhora a precisão do resultado ao ter em conta a informação da localização juntamente com a extração de sinónimos. A figura 3.5 mostra o funcionamento da incorporação de sinónimos no método de recomendação de consultas baseado em snippets.

A recomendação baseada em sinónimos baseia-se em modelos de cliques em snippets que tentam extrair palavras-chave que aparecem nos snippets clicados pelos utilizadores como recomendação; além disso, o sistema tenta classificar os snippets que estão relacionados com a consulta original proposta com base no perfil do utilizador. Se o utilizador clicar num determinado link, isso significa que está interessado no conteúdo do snippet, porque este contém palavras-chave relacionadas com as suas necessidades de informação e estas são efetivamente mostradas e lidas pelo utilizador. Por conseguinte, a ideia principal da estrutura de recomendação de consulta baseada em sinónimos é localizar palavras-chave que aparecem nos snippets clicados pelos utilizadores e que podem descrever as necessidades de informação dos utilizadores. Ao contrário dos métodos de recomendação anteriores, baseia-se em informações extraídas do processo de cliques dos resultados dos utilizadores, em vez do histórico de consultas efectuadas por outros utilizadores.

A figura 3.5 mostra que a arquitetura do sistema é constituída por três módulos básicos:

1. Módulo de interface do utilizador:

O módulo de interface do utilizador trata do processo de interação com o utilizador. O módulo de interface do utilizador permite comunicar com o utilizador para conhecer a sua intenção de pesquisa. Utilizando esta interface, o sistema obtém as preferências do utilizador, a localização e a consulta original. Em seguida, a consulta é reencaminhada para o motor de busca através dos dados de registo.

2. Módulo de recomendação de consultas:

Na tarefa de recomendação de consultas, em primeiro lugar, são extraídos snippets de palavras da consulta a partir dos dados de registo de cliques. Em seguida, aplicando o método de frequência de termos (TF), as palavras-chave são extraídas dos snippets. Em seguida, o perfil do utilizador é criado automaticamente com o padrão de localização, o padrão de cliques e a preferência do utilizador; com base no perfil do utilizador, as ligações URL de recomendação são reordenadas.

3. Módulo de extração de sinónimos:

O módulo de extração de sinónimos é utilizado para extrair os sinónimos para as palavras-chave nos snippets dos serviços de sinónimos em linha. O resultado do módulo é depois considerado na altura da recomendação da consulta.

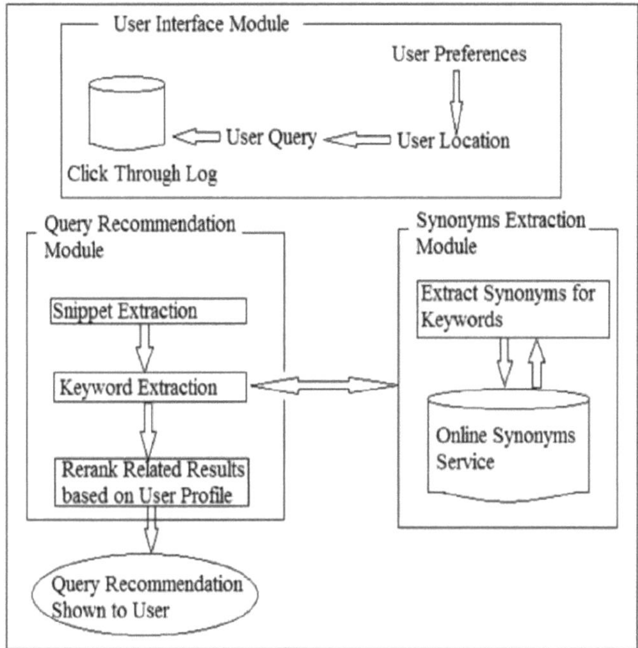

Figura 3.5: Sistema de recomendação de consultas baseado em snippets com consideração das preferências do utilizador, informação de localização e sinónimos

Modelos de clique em snippet incorporando a localização, as preferências e os sinónimos dos utilizadores

Sabemos que o utilizador clica num determinado documento resultante porque vê efetivamente o fragmento correspondente. Espera-se que os fragmentos dos documentos satisfaçam as suas necessidades de informação. Por conseguinte, a probabilidade de clicar num determinado documento é decidida pelo facto de o utilizador ver ou não o excerto e de estar ou não interessado nele. Uma vez que o utilizador só pode ver o excerto do documento antes de clicar no resultado, a probabilidade de clicar é decidida pelo interesse do utilizador no excerto do documento resultante; por outras palavras, pelo facto de este excerto satisfazer ou não as necessidades de informação do utilizador. Para a recomendação baseada em sinónimos, são utilizados modelos de clique em snippet à escala global e à escala local.

Estes snippets à escala local e à escala global são adoptados para concluir a tarefa de recomendação de consultas.

- Modelo de snippet à escala global

No modelo à escala global, todos os excertos clicados para uma determinada consulta são tratados como um "documento de excertos" completo. Por conseguinte, para todos os snippets clicados, isso mostra que, se o utilizador clicou num determinado snippet, deve estar interessado nele e isso satisfaz as necessidades de informação dos utilizadores. Por conseguinte, é utilizado um método simples baseado na Frequência de Termo (TF) para extrair listas de palavras-chave dos snippets. Para cada palavra-chave nos snippets, os candidatos a recomendação são aqueles com o maior valor de frequência de termo, em que, para uma palavra de consulta W, a TF é definida como a soma de todas as aparições de W em todos os snippets relacionados [5].

$$TF(w) = \sum_{i} (appearance\ of\ w\ in\ snippet_i) \tag{3.1}$$

Algoritmo para recomendação de consultas baseado no modelo de clique em snippets à escala global usando preferências, localização dos utilizadores e sinónimos.

Consulta _Recomendação (Consulta original Q, Padrão de cliques dos utilizadores CLKPATT, Interesse de pesquisa dos utilizadores SI)

Passo 1: Introduzir a preferência do utilizador, a localização atual e a consulta atual Q;

Passo 2 : Encontrar todos os documentos clicados para Q no CLKPATT e formar um conjunto de documentos chamado D;

Passo 3: Extrair todos os snippets de D para a consulta Q utilizando a interface do motor de busca e formar um conjunto de snippets denominado S;

Passo 4: Extrai o interesse de pesquisa do utilizador SI combinando o perfil do utilizador P e a informação de localização L;

Passo 5: Para o conjunto de snippets S, extrair N palavras-chave utilizando o método TF;

Passo 6: Extrai os sinónimos para todas as N palavras-chave do serviço de sinónimos em linha;

Passo 7: Devolver estas N palavras-chave como palavras de recomendação, considerando os sinónimos juntamente com a consulta original Q.

Este algoritmo gera uma lista de palavras-chave para recomendação da consulta Q. Note-se que, por vezes, estas palavras-chave podem não ser diretamente utilizadas para recomendações porque devem ser combinadas com a consulta original para formar uma necessidade de informação completa. Por exemplo, a palavra-chave "download gratuito" pode ser devolvida para a consulta "Yahoo messenger", devendo ser combinada com a palavra de consulta original para formar uma palavra de recomendação de consulta completa, como "Yahoo messenger download gratuito". No entanto, mesmo estas palavras-chave não podem ser diretamente adoptadas como recomendações, pois devem satisfazer as necessidades de informação dos utilizadores.

- Modelo de snippet à escala local

Diferentemente, num modelo de cliques em snippets à escala local, considera-se que cada snippet é tratado separadamente. Com o modelo de saco de palavras, um determinado fragmento clicado pode ser representado por um conjunto de palavras-chave, cada uma com valores TF diferentes. Como este modelo considera cada snippet separadamente, nem todas as palavras-chave aparecem em cada snippet clicado. Assim, muitas palavras-chave terão um valor de frequência de termo igual a zero, o que pode gerar um problema de esparsidade. A técnica de suavização pode ser utilizada para evitar o problema da escassez de dados e para estimar exatamente a necessidade de informação do utilizador. Depois disso, podemos considerar a probabilidade de cada palavra-chave para descrever a necessidade de informação dos utilizadores e a palavra-chave com elevada probabilidade de satisfazer a necessidade de informação dos utilizadores é utilizada para sugerir a recomendação da consulta[5].

Algoritmo para recomendação de consultas baseado no modelo de cliques em snippets à escala local usando preferências, localização dos utilizadores e sinónimos.

Consulta _Recomendação (Consulta original Q, Padrão de cliques dos utilizadores CLKPATT, Interesse de pesquisa dos utilizadores SI)

Passo 1 : Introduzir as preferências do utilizador, a localização atual e a consulta atual Q;

Passo 2 : Encontrar todos os documentos clicados para Q em CLKPATT e formar um conjunto de documentos chamado D;

Passo 3: Extrair todos os snippets de D para a consulta Q utilizando a interface do motor de busca e formar um conjunto de snippets denominado S;

Passo 4: Extrai os interesses de pesquisa dos utilizadores SI, combinando o perfil dos utilizadores P e a informação de localização L;

Passo 5: Conjunto de candidatos à recomendação CANDIDATE = { };

Passo 6: Para cada fragmento Si no conjunto de fragmentos S, se P(Click i) for superior ao limiar T, colocar todas as palavras no conjunto CANDIDATO;

Passo 7: Para todas as palavras do conjunto CANDIDATO, extrai as palavras-chave dos snippets;

Etapa 8: Selecionar N palavras-chave com os maiores valores de probabilidade que indicam uma maior possibilidade de descrever as necessidades de informação dos utilizadores;

Passo 9: Extrai os sinónimos para todas as N palavras-chave do serviço de sinónimos em linha.

Passo 10: Devolver estas N palavras-chave como palavras de recomendação, considerando os sinónimos juntamente com a consulta original Q.

Também aqui, à semelhança do algoritmo de snippets à escala global, estas N palavras-chave devem ser combinadas com a consulta original para formar recomendações de consulta completas. Exceto as palavras-chave que só aparecem em snippets com probabilidade de clique

Valores de P(Click) inferiores aos do limiar T.

3.4 Aplicação

A implementação inclui as ferramentas e a tecnologia utilizadas no desenvolvimento do sistema.

3.4.1Descrição geral de JAVA

Java é uma linguagem de programação informática concorrente, baseada em classes, orientada para objectos e especificamente concebida para ter o menor número possível de dependências de implementação. Destina-se a permitir que os programadores de aplicações "escrevam uma vez, executem em qualquer lugar" (WORA), o que significa que o código que é executado numa plataforma não precisa de ser recompilado para ser executado noutra. As aplicações Java são normalmente compiladas para bytecode (ficheiro de classe) que pode ser executado em qualquer JVM, independentemente da arquitetura do computador. Java é uma das linguagens de programação mais populares em uso, particularmente para aplicações Web cliente-servidor, com cerca de 9 milhões de programadores. Java foi originalmente desenvolvida por James Gosling na Sun Microsystems (que entretanto se fundiu com a Oracle Corporation) e lançada em 1995 como componente central da plataforma Java da Sun Microsystems. A linguagem deriva grande parte da sua sintaxe do C e do CPP, mas tem menos recursos de baixo nível do que qualquer um deles.

Os compiladores Java, as máquinas virtuais e as bibliotecas de classes originais e de referência foram desenvolvidos pela Sun a partir de 1991 e lançados pela primeira vez em 1995. A partir de maio de 2007, em conformidade com as especificações do Java Community Process, a Sun relicenciou a maioria das suas tecnologias Java ao abrigo da GNU General Public License. A criação da linguagem Java teve cinco objectivos principais:

1. Deve ser simples, orientado para os objectos e familiar,
2. Deve ser robusto e seguro,
3. Deve ser neutro em termos de arquitetura e portátil,
4. Deve ser executado com elevado desempenho,
5. Deve ser interpretada, encadeada e dinâmica [1].

3.4.2Emulador Android

O Android é um sistema operativo de fonte aberta para dispositivos móveis, *ou seja*, smartphones e tablets, desenvolvido pela Google. O Android SDK fornece um conjunto de ferramentas e API para desenvolver aplicações Android, utilizando Java.

O SDK do Android inclui um emulador de dispositivo móvel - um dispositivo móvel virtual que funciona no seu computador. O emulador permite-lhe criar protótipos, desenvolver e testar aplicações Android sem utilizar um dispositivo físico.

O emulador Android imita todas as caraterísticas de hardware e software de um dispositivo móvel típico, exceto que não pode efetuar chamadas telefónicas reais. Fornece uma variedade de teclas de navegação e de controlo, que pode "premir" com o rato ou o teclado para gerar eventos para a sua aplicação. Também fornece um ecrã no qual a sua aplicação é apresentada, juntamente com quaisquer outras aplicações Android activas.

O emulador utiliza configurações de AVD. Os AVDs permitem-nos definir determinados aspectos de hardware do nosso telemóvel emulado e permitem-lhe criar muitas configurações para testar muitas plataformas Android e permutações de hardware. Quando a aplicação estiver a ser executada no emulador, pode utilizar os serviços da plataforma Android para invocar outras aplicações, aceder à rede, reproduzir áudio e vídeo, armazenar e recuperar dados, notificar o utilizador e apresentar transições gráficas e temas [1].

3.4.3Eclipse (software)

O Eclipse é um ambiente de desenvolvimento integrado (IDE). Contém um espaço de trabalho de base e um sistema de plug-in extensível para personalizar o ambiente. Escrito principalmente em Java, o Eclipse pode ser utilizado para desenvolver aplicações. Através de vários plug-ins, o Eclipse também pode ser utilizado para desenvolver aplicações noutras linguagens de programação:

Ada, C, C++, COBOL, Fortran, Haskell, JavaScript, Perl, PHP, Python, R, Ruby e Erlang. Os ambientes de desenvolvimento incluem as ferramentas de desenvolvimento Eclipse Java (JDT) para Java, Eclipse CDT para C/C++ e Eclipse PDT para PHP, entre outros. A base de código inicial teve origem no IBM Visual Age. O Eclipse SDK inclui as ferramentas de desenvolvimento Java e destina-se a programadores Java. Os utilizadores podem alargar as suas capacidades instalando plug-ins escritos para a plataforma Eclipse, tais como kits de ferramentas de desenvolvimento para outras linguagens de programação, e podem escrever e contribuir com os seus próprios módulos de plug-in [1].

3.4.4Base de dados SQLite

O SQLite é um sistema de gestão de bases de dados relacionais contido numa biblioteca de programação C. Ao contrário de outros sistemas de gestão de bases de dados, o SQLite não é um processo separado ao qual se acede a partir da aplicação cliente, mas sim uma parte integrante da mesma. O SQLite é compatível com ACID e implementa a maior parte da norma SQL, utilizando uma sintaxe SQL dinâmica e fracamente tipada que não garante a integridade do domínio. O SQLite é uma escolha popular como base de dados incorporada para armazenamento local/cliente em software de aplicação como os navegadores Web. É, sem dúvida, o motor de base de dados mais amplamente utilizado, uma vez que é utilizado atualmente por vários navegadores, sistemas operativos e sistemas incorporados, entre outros. O SQLite tem muitas ligações a linguagens de programação.

Ao contrário dos sistemas de gestão de bases de dados cliente-servidor, o motor SQLite não tem processos autónomos com os quais o programa de aplicação comunique. Em vez disso, a biblioteca SQLite está ligada e torna-se assim parte integrante do programa de aplicação. A biblioteca também pode ser chamada dinamicamente. O programa de aplicação utiliza a funcionalidade do SQLite através de chamadas de função simples, que reduzem a latência no acesso à base de dados: as chamadas de função dentro de um único processo são mais eficientes do que a comunicação entre processos. O SQLite armazena toda a base de dados (definições, tabelas, índices e os próprios dados) como um único ficheiro multiplataforma numa máquina anfitriã. Implementa este design simples bloqueando todo o ficheiro da base de dados durante a escrita. As operações de leitura do SQLite podem ser multitarefas, embora as escritas só possam ser efectuadas sequencialmente [1].

3.4.5Latitude e Longitude

Latitude

Quando se olha para um mapa, as linhas de latitude correm horizontalmente. As linhas de latitude são também conhecidas como paralelas, uma vez que são paralelas e estão a uma distância igual uma da outra. Longitude

As linhas verticais representam as linhas de longitude, que também são conhecidas como meridianos [1].

3.4.6Medir a eficácia da pesquisa

Depois de terminar uma pesquisa, a pergunta que se coloca na mente de qualquer pesquisador é: "Será que encontrei o material mais relevante ou será que me faltam elementos importantes?" Para além disso, todos os pesquisadores esperam não encontrar "muito lixo". Infelizmente, obter "tudo" e evitar "lixo" é difícil, se não impossível, de conseguir. No entanto, é possível medir o desempenho de uma pesquisa no que respeita a estes dois parâmetros.

A precisão e a recuperação são as medidas básicas utilizadas na avaliação das estratégias de pesquisa. A Figura 3.6 mostra as medidas básicas de eficácia da pesquisa, que pressupõem Existe um conjunto de registos na base de dados que é relevante para o tópico de pesquisa. Assume-se que os registos são relevantes ou irrelevantes (estas medidas não permitem graus de relevância). O conjunto real de registos recuperados pode não corresponder perfeitamente ao conjunto de registos relevantes [1].

Precisão

No domínio da recuperação de informação, a precisão é o rácio entre o número de registos relevantes recuperados e o número total de registos irrelevantes e relevantes recuperados. É normalmente expressa em percentagem.

A precisão tem em conta todos os documentos recuperados, mas também pode ser avaliada numa determinada posição de corte, considerando apenas os melhores resultados devolvidos pelo sistema. Por exemplo, para uma pesquisa de texto num conjunto de documentos, a precisão é o número de resultados corretos dividido pelo número de todos os resultados devolvidos.

Note-se que o significado e a utilização de "precisão" no domínio da recuperação de informação difere da definição de exatidão e precisão noutros ramos da ciência e da tecnologia [1].

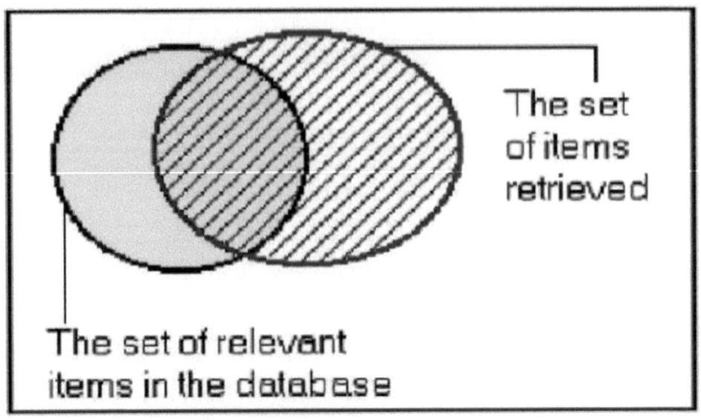

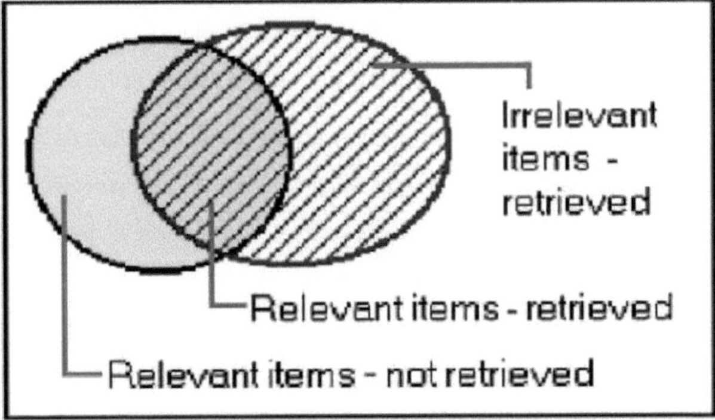

Figura 3.6: Medidas básicas de eficácia da pesquisa considerando um conjunto de registos Critério Recall

Na recuperação de informação, a recuperação é o rácio entre o número de registos relevantes recuperados e o número total de registos relevantes na base de dados. É normalmente expressa em percentagem.

Por exemplo, para a pesquisa de texto num conjunto de documentos, a recuperação é o número de resultados corretos dividido pelo número de resultados que deveriam ter sido devolvidos. A Figura 3.7 mostra que a recuperação e a precisão são inversamente proporcionais uma à outra [1].

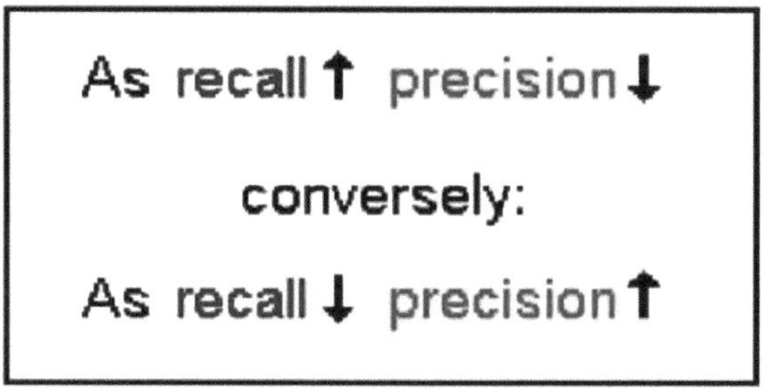

As recall ↑ precision ↓

conversely:

As recall ↓ precision ↑

Figura 3.7: Medida de proporcionalidade inversa da precisão e da recuperação

3.4.7Requisitos de hardware e software

A implementação necessária para este software e hardware no sistema do lado do desenvolvimento. O sistema em causa foi implementado no Android como front end e o SQLite como back end.

1. Hardware recomendado

- Processador de 2,0 GHz necessário (Pentium IV ou superior)
- Mínimo de 1 GB de RAM
- Mínimo de 25 GB HDD

2. Software recomendado

- Ferramenta de desenho : Eclipse
- Ferramenta de desenvolvimento : JAVA JDK
- Sistema operativo : Windows XP/Windows 7/Windows 8
- Software de base de dados: Base de dados SQLite
- Outros: Microsoft Word, Microsoft Excel.

3.5 Instantâneos da interface GUI

A Figura 3.8 mostra que o sistema de recomendação de URLs baseado em snippets incorpora as preferências do utilizador, a localização e os sinónimos, tendo em conta a preferência do utilizador e a informação sobre a sua localização. Ao contrário dos métodos anteriores, este sistema considera os interesses do utilizador, as informações de localização, os dados de registo de cliques e os sinónimos em conjunto. É útil no caso de palavras polissémicas, uma vez que o utilizador precisa de resultados baseados num determinado sentido da palavra em vez de considerar todos em combinação. *Por exemplo*, se o utilizador quiser procurar a consulta maçã, o resultado pode conter todos os sentidos da palavra maçã, tais como maçã como empresa, maçã como fruto, imagens de maçã, informações sobre a macieira, fundador da empresa de maçã, etc. O resultado pode também incluir os dados do lixo. Podemos especificar a intenção do utilizador por detrás da pesquisa, tomando a preferência como entrada do utilizador juntamente com a localização atual.

Em seguida, pede-se ao utilizador que introduza a consulta efectiva. A figura 3.9 mostra como o utilizador introduz a consulta real. Em seguida, tendo em conta os dados de registo de cliques do motor de busca, recomenda-se os URL dos snippets a partir dos quais os snippets são obtidos. Utilizando os dados de cliques, as informações sobre a localização e o interesse do utilizador, o perfil do utilizador é criado automaticamente. Toda esta informação é-nos fornecida pelo utilizador assim que o sistema é utilizado pelo utilizador. Este perfil de utilizador é utilizado para reordenar os URL na lista de resultados de recomendação . A recomendação também é considerada com as palavras-chave extraídas dos snippets.

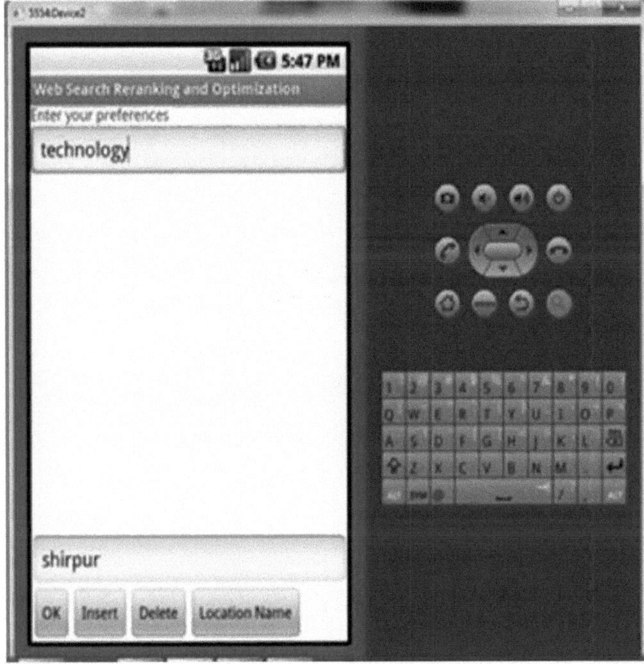

Figura 3.8: Janela de entrada inicial do sistema que aceita o interesse e a localização do utilizador como entrada antes de submeter a consulta real

Se o utilizador encontrar algum link relacionado nessa lista de recomendações e se clicar em qualquer URL, esse URL é inserido na base de dados e essa informação é registada no perfil do utilizador atual para uma melhor recomendação. A figura 3.10 mostra que, depois de clicar em qualquer outra hiperligação, o mesmo URL aparece no topo dos snippets.

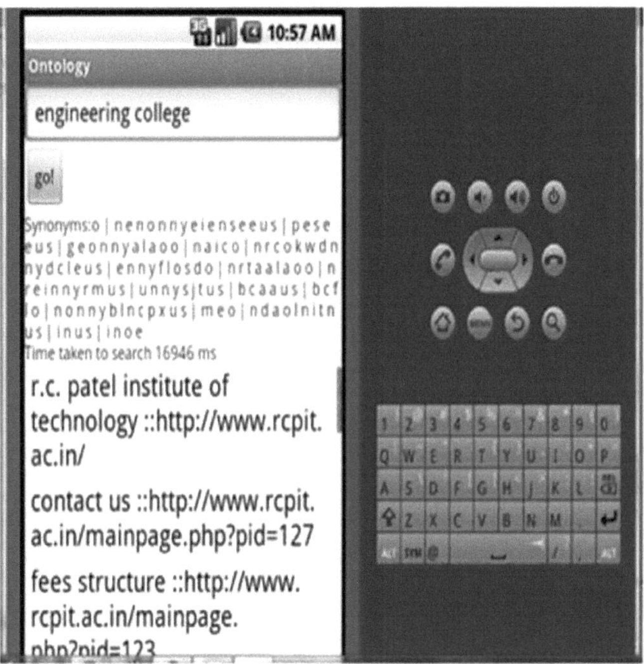

Figura 3.9: Depois de inserir a consulta para incorporar a preferência do utilizador, a localização e os sinónimos no sistema de recomendação de consultas baseado em snippets

A Figura 3.11 mostra que, no final, o sistema navega o utilizador para um dos sítios Web recomendados do seu interesse. Podemos medir o desempenho do sistema com base nos parâmetros de precisão e de recuperação. Para tal, foi fornecido o botão Precision and Recall (PnR) e também os botões Delete History (Apagar histórico) e Links Visited (Ligações visitadas) para medir os dados relativos aos mesmos.

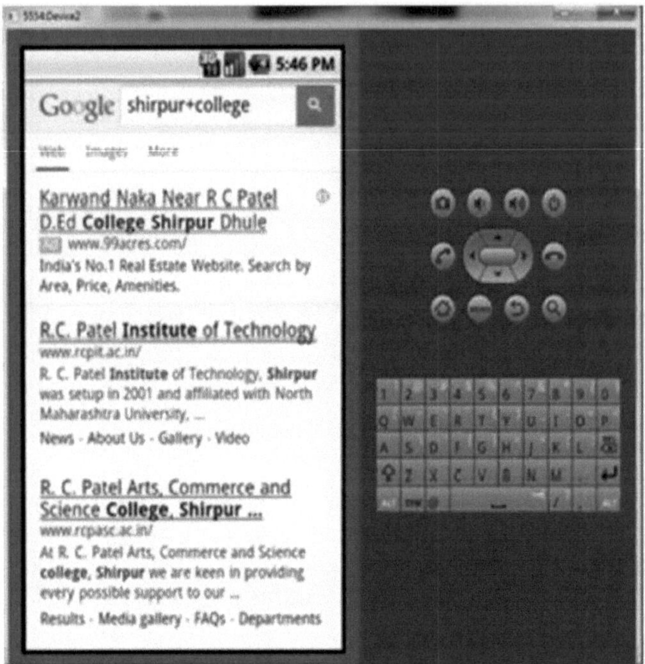

Figura 3.10: Depois de clicar no link do URL do snippet resultante do interesse do utilizador, o link do URL clicado volta a aparecer no topo da lista de snippets

A Figura 3.11 mostra que, no final, o sistema navega o utilizador para um dos sítios Web recomendados do seu interesse. Podemos medir o desempenho do sistema com base nos parâmetros de precisão e de recuperação. Para tal, foi fornecido o botão Precision and Recall (PnR) e também os botões Delete History (Apagar histórico) e Links Visited (Ligações visitadas) para medir os dados relativos aos mesmos.

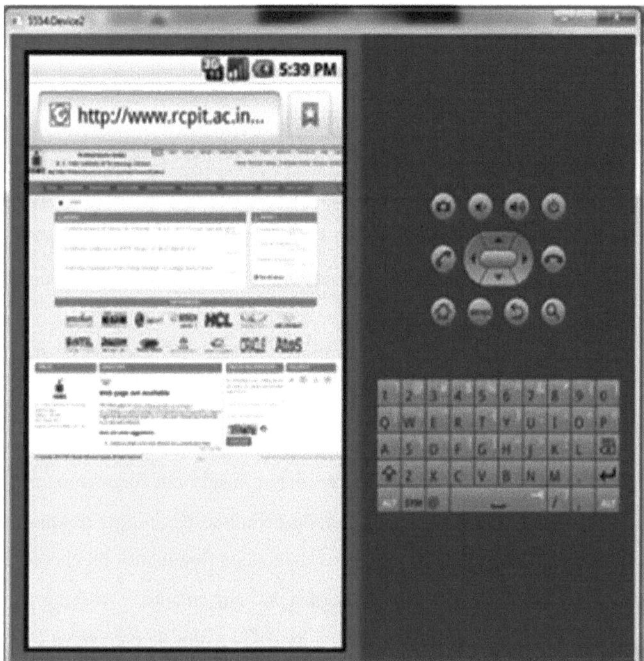

Figura 3.11: Sistema de recomendação de URL baseado em ontologia que navega o utilizador para o sítio Web de destino do seu interesse depois de clicar na hiperligação URL dos snippets recomendados

Todos os dados aceites são armazenados na base de dados SQLite, que está integrada no Android, assim que a aplicação é criada e utilizada pelo utilizador. Este sistema também pode ser executado em telemóveis, criando e instalando o ficheiro .apk adequado à plataforma android em causa.

Capítulo 4

ANÁLISE DE DESEMPENHO

A análise do desempenho descreve a melhoria do desempenho da incorporação da preferência do utilizador, da localização e dos sinónimos no sistema de recomendação de consultas baseado em snippets. O sistema tem um melhor desempenho na recomendação de consultas de alta e baixa frequência.

4.1 Análise de desempenho de trabalhos anteriores

- Percentagem de precisão para recomendação baseada em snippet

Liu et al. desenvolveram um método de recomendação de consultas baseado em fragmentos para satisfazer as necessidades de informação do utilizador. O método centra-se no snippet porque os snippets são sempre lidos e clicados pelo utilizador. O sistema considera os fragmentos recuperados do motor de busca através de dados de registo para a recomendação. No entanto, o sistema não apresenta sempre melhores resultados. Como se pode ver no quadro 4.1, o valor da precisão mostra que o sistema é fraco a sugerir os documentos mais relevantes.

Tabela 4.1: Variação nos valores de precisão para consultas de amostra

Número de consultas de amostra	Percentagem de precisão
1	16
2	43
3	22
4	36
5	24

- Medida sobre ligações Métrica recomendada

Liu et al. apresentou um modelo de clique em snippet à escala global e local [5]. O fator é importante porque reflecte o valor do número de resultados relevantes devolvidos pelo sistema. Como o sistema gera resultados apenas com base no snippet, tenta relacionar a consulta com pesquisas anteriores dos utilizadores. Assim, o sistema não consegue compreender claramente a intenção de pesquisa do utilizador e também não dá uma recomendação adequada para consultas de baixa frequência. O sistema necessita de mais tempo para efetuar a recomendação. A Tabela 4.2 mostra que o valor das ligações relacionadas recomendadas indica o número de documentos relevantes na lista de recomendações de pesquisa.

Tabela 4.2: Variação no número de ligações recomendadas para consultas de amostra

Número de consultas de amostra	Links relacionados Recomendado
1	7
2	8
3	4
4	6
5	3

- Medida na métrica Page Rank

Liu et al. apresentaram um método que recupera os snippets dos dados de registo de cliques dos motores de busca [5]. Depois disso, as palavras-chave são extraídas dos snippets, e estas palavras-chave são misturadas com a consulta original para formar as ligações de recomendação.

Assim, o facto de se considerar apenas o snippet não permite obter os resultados relevantes no topo da lista. A Tabela 4.3 mostra que os valores da classificação da página reflectem a classificação da recomendação relevante.

Tabela 4.3: Variação no valor do Page Rank para consultas de amostra

Número de consultas de amostra	Classificação da página medida
1	4
2	2
3	3
4	4
5	3

4.2 Análise experimental

A análise experimental foi efectuada no ficheiro de dados de registo de cliques do motor de busca Google. Em primeiro lugar, são recolhidos fragmentos dos dados de registo e, em seguida, são extraídas palavras-chave desses fragmentos. Em seguida, são recuperados os sinónimos das palavras-chave, que são tidos em conta no momento da recomendação, juntamente com a preferência do utilizador, a localização e os snippets .

4.2.1Fontes de dados

De acordo com os dados do registo de consultas e com base no estudo de diferentes métodos de processamento do registo de consultas, existem diferentes conjuntos de dados disponíveis, *por exemplo*, AOL, Google, MSN, Yahoo, Dogpite, Sogou, dados do registo do motor de busca Baidu e muitos outros. A partir destes dados, podemos extrair as informações necessárias.

Para a implementação do sistema, utilizámos o ficheiro da base de dados do motor de busca Google, que está disponível gratuitamente com muitas outras bases de dados, *por exemplo*, Dapper, Yahoo, etc. O Google tem cerca de 100 Peta bytes de dados e cada registo ocupa cerca de 10 a 20 bytes [34].

As caraterísticas da base de dados do Google são as seguintes, o que explica a razão pela qual se deve preferir a base de dados do Google.

- É uma base de dados relacional totalmente gerida e altamente disponível.
- É fácil de utilizar e tem uma configuração flexível.
- Tem uma segurança e uma integração excepcionais com o Google Cloud, o que é útil para obter um melhor desempenho [34].

4.2.2Custo de armazenamento

O custo total para armazenar a preferência do utilizador, a localização e os sinónimos incorporados no sistema de recomendação de consultas baseado em snippets é calculado pela seguinte fórmula. Ctot = Capp + Cup + Cd + Cl

- Capp é o armazenamento necessário para a aplicação android,
- O copo é o local de armazenamento do perfil de utilizador criado,
- Cd é o armazenamento dos documentos resultantes recuperados,
- Cl é o armazenamento das ligações visitadas pelo utilizador, e
- Ctot é o custo total necessário para que o sistema funcione efetivamente.

A implementação necessária para este software e hardware no sistema do lado do desenvolvimento. O sistema em causa foi implementado em JAVA na plataforma Android. O sistema é executado com a ajuda do Eclipse JUNO, foi criado um emulador com a instalação do ficheiro Ontology.apk. O processador utilizado é de 4,0 GHz (Pentium IV ou superior) com 1 GB de RAM e placa gráfica de 2 GB. Para manter a base de dados da aplicação, foi utilizada a ferramenta de gestão da base de dados

SQLite, porque o SQLite está integrado no sistema operativo Android. O sistema operativo instalado é o Windows 7.

4.2.3Medida em % de precisão e métricas de classificação de páginas

Desenvolvemos uma abordagem de recomendação de consulta adicionando a preferência do utilizador, a localização e os sinónimos extraídos no sistema de recomendação de consulta baseado em snippet.

A abordagem parte do princípio de que a necessidade de informação do utilizador é melhor descrita no snippet que já leu e clicou. Juntamente com o excerto, o sistema considera os sinónimos extraídos para as palavras-chave nos excertos recuperados. Estes sinónimos são extraídos do conjunto de sinónimos WordNet. O WordNet synset é um serviço API em linha que nos fornece a sinopse solicitada para as palavras dadas. O sistema teve um melhor desempenho na recomendação para todas as consultas de alta e baixa frequência. Na tabela 4.4, o valor da precisão mostra que o sistema de recomendação de consultas baseado em sinónimos é melhor na sugestão de documentos estreitamente relevantes.

A Tabela 4.4 mostra a variação do valor da precisão registada para algumas consultas de amostra. Diferentes consultas de amostra são executadas no sistema em simultâneo e o valor da precisão é calculado. Com base no valor da precisão, a incorporação de sinónimos no sistema de recomendação de consultas baseado em fragmentos é mais adequada para todas as consultas do que apenas a adição de localização e preferência na recomendação de consultas baseada em fragmentos.

Tabela 4.4: Variação nos valores de precisão para consultas de amostra

Classificação do resultado relevante	Percentagem de precisão
1	80
2	66
3	57
2	48
4	45

4.2.4Medida do número de páginas e do número de ligações Métricas recomendadas

Juntamente com um modelo de clique de snippet à escala global e local, a intenção do utilizador e a informação de localização são incorporadas no sistema de recomendação. O fator é importante porque reflecte o valor do número de resultados relevantes devolvidos pelo sistema. Assim, o sistema sugere mais resultados melhores para compreender claramente a intenção de pesquisa do utilizador e também dá uma recomendação adequada para consultas de baixa frequência. É útil ter em conta a preferência quando a palavra consultada é polissémica. A Tabela 4.5 mostra que o valor das ligações relacionadas recomendadas indica o número de documentos relevantes na lista de recomendações de pesquisa.

Tabela 4.5: Variação no número de ligações recomendadas para consultas de amostra

Número de consultas de amostra	Links relacionados Recomendado
1	8
2	7
3	12
4	8
5	6

4.2.5Medida de variação na métrica Page Rank

A preferência do utilizador, a localização e os sinónimos incorporados no sistema de recomendação de consultas baseado em snippets recuperam os snippets a partir dos dados de registo de cliques do motor de busca do Google. Depois disso, as palavras-chave são extraídas dos snippets utilizando a abordagem de extração de palavras-chave baseada na TF e estas palavras-chave são misturadas com a consulta original para formar as ligações de recomendação. Antes de recomendar com base nestas palavras-chave, estas são encaminhadas para a extração de sinónimos. Em seguida, o perfil do utilizador é criado utilizando padrões de cliques, padrões de localização e a intenção do utilizador quando a aplicação é utilizada pelo utilizador. Assim, considerar apenas o snippet não permite obter os resultados relevantes no topo da lista. A Tabela 4.6 mostra que os valores da classificação da página reflectem a classificação da recomendação relevante utilizando o serviço de sinónimos.

Tabela 4.6: Variação no valor do Page Rank para consultas de amostra

Número de consultas de amostra	Classificação da página
1	1
2	2
3	1
4	3

5	2

4.3 Comparação de trabalhos anteriores e experiências tal Analysis

O estudo comparativo define a melhoria na incorporação da preferência do utilizador, da localização e do sinónimo no sistema de recomendação de consultas baseado em snippets. A comparação é medida com base na % de precisão, na classificação da página e nas hiperligações recomendadas como parâmetros básicos.

4.3.1Medida em % de precisão e métricas de classificação de páginas

Para medir o desempenho da recomendação de consultas baseada em sinónimos, a configuração experimental é feita com a atual base de dados do motor de busca Google, com o perfil do utilizador, as preferências do utilizador e os dados de cliques como métricas. A avaliação do desempenho é feita com uma amostra de consulta enviada ao sistema de recomendação baseado em sinónimos e, simultaneamente, colocando a mesma consulta no motor de busca Google. Os resultados são comparados com base nos resultados relevantes devolvidos, na classificação da página do resultado pretendido, na precisão e na recuperação como parâmetros básicos.

Por exemplo, são executadas diferentes consultas de amostra e comparadas com os resultados devolvidos pelo Google com a mesma consulta de amostra, e a precisão e a classificação dos resultados devolvidos são medidas para o sistema de recomendação de consultas baseado em sinónimos. Entre estes, há variações no tempo necessário. Além disso, a incorporação de sinónimos no sistema de recomendação baseado em snippets apresenta resultados mais relevantes no topo, uma vez que tem em conta os sinónimos devolvidos pelo serviço de sinónimos em linha para a palavra consultada. A figura 4.1 mostra a representação do resultado de uma consulta de amostra executada no sistema de recomendação de consultas baseado em sinónimos.

As observações mostram que, em comparação com os métodos baseados no histórico e nos fragmentos, a recomendação baseada em sinónimos dá melhores resultados com a sinopse. Além disso, classifica a ligação no topo com base na preferência e na localização dos utilizadores. O método de recomendação baseado em sinónimos é capaz de satisfazer as necessidades de informação dos utilizadores em menos tempo. Para a avaliação do método de recomendação de consultas baseado em sinónimos, foram aplicadas diferentes métricas, como a primeira percentagem de precisão calculada para amostras de consultas diferentes e outro parâmetro utilizado como número de consultas relacionadas.

A figura 4.1 mostra que o eixo vertical representa a percentagem de precisão calculada para a consulta e o eixo horizontal representa o número de resultados que correspondem à intenção de pesquisa do utilizador. Além disso, o desempenho do método que incorpora sinónimos com recomendação baseada em snippets é medido com base na percentagem de recomendações correspondentes e na classificação do resultado pretendido como métrica de recomendação para diferentes consultas de amostra.

Pode observar-se a partir dos resultados que a percentagem de precisão aumenta se a consulta apresentada pelo utilizador for de alta frequência e também o tempo necessário para devolver o resultado aumenta com a consulta de baixa frequência.

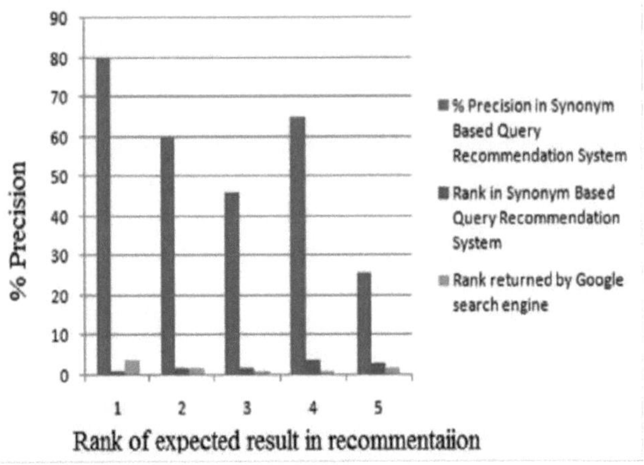

Figura 4.1: Resultado da recomendação de consultas baseadas em sinónimos com base nas métricas % Precision e Page Rank para algumas amostras de consultas

4.3.2Medida do número de páginas e ligações Métricas recomendadas

A figura 4.2 mostra que o eixo horizontal representa o número de ligações recomendadas pela recomendação de consulta baseada na localização. E o eixo vertical representa o número de páginas devolvidas. Em seguida, os resultados devolvidos pelo motor de busca prático são comparados com a recomendação de consulta baseada na localização. A comparação é feita com base no número de resultados devolvidos pelo Google que correspondem e não correspondem à recomendação baseada em sinónimos. A partir da observação, verificou-se que, em comparação com o histórico e apenas com os métodos baseados em snippets, os snippets com recomendação baseada na localização dão melhores resultados, considerando também a consulta de baixa frequência. Também classifica a ligação no topo com base no perfil dos utilizadores, que é gerado automaticamente utilizando as preferências de pesquisa e a localização dos utilizadores. O método de recomendação baseado em snippet com localização permite satisfazer as necessidades de informação dos utilizadores em menos tempo.

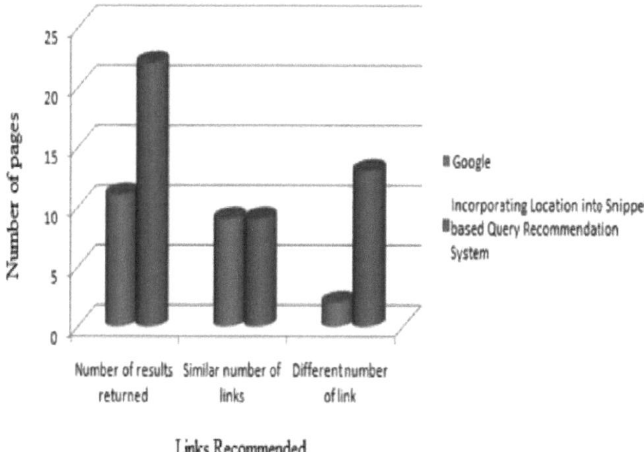

Figura 4.2: Resultado do Snippet com Incorporação de Localização e Preferência Sistema de Recomendação de Consultas baseado na Métrica de Número de Páginas e Links Recomendados para Algumas Consultas de Amostra

4.3.3Medida de variação na métrica Page Rank

A figura 4.3 mostra a diferença comparativa entre o sistema e os modelos de cliques em snippets; além disso, o resultado é melhorado se a localização e a preferência forem inseridas com os snippets extraídos; também assim o resultado é melhorado se utilizarmos parâmetros como a preferência, a localização do utilizador e os sinónimos extraídos com os modelos de cliques em snippets.

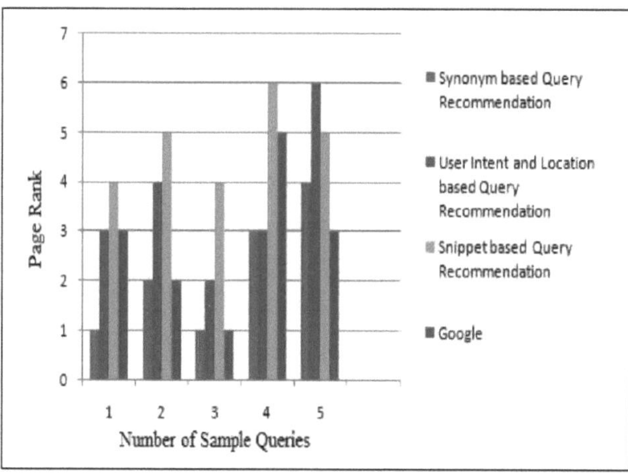

Figura 4.3: Resultado dos métodos de recomendação de consultas para algumas amostras de consultas

para a métrica Page Rank

4.3.4Medida da variação do valor da métrica de precisão

O gráfico apresentado na figura 4.4 representa a variação do valor da precisão registada para algumas consultas de amostra. Aqui, diferentes consultas de amostra são executadas nos sistemas em simultâneo e o valor da precisão é calculado. Com base no valor da precisão, a incorporação de sinónimos no sistema de recomendação de consultas baseado em snippets é mais adequada para todas as consultas do que apenas a adição da localização e da preferência na recomendação de consultas baseada em snippets.

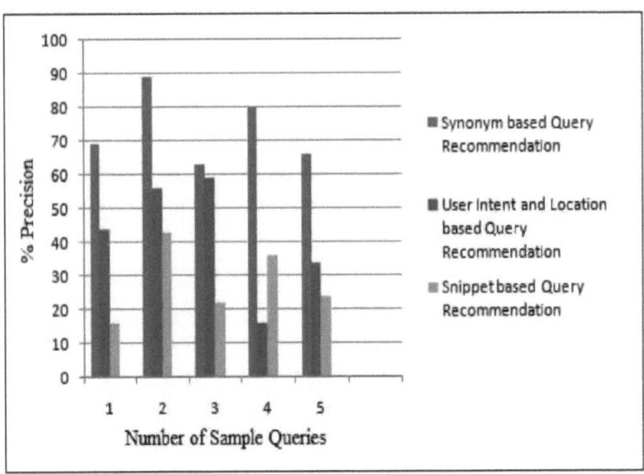

Figura 4.4: Resultado dos métodos de recomendação de consultas para algumas amostras de consultas para

Métrica de precisão

4.4 Diferença de justificação

- Nesta implementação, conseguimos um desempenho eficiente na identificação de intenções, incorporando a preferência e a localização do utilizador.
- Conseguimos melhorar a classificação dos URLs para recomendação com base no perfil do utilizador.
- O nosso sistema é mais fiável para pesquisar o documento com base nos sinónimos.
- No final, comparámos o desempenho da incorporação da preferência do utilizador, da

localização e dos sinónimos no sistema de recomendação de consultas baseado em snippets. A comparação baseia-se na classificação da página, na precisão, na recordação e no número de ligações recomendadas como parâmetros diferentes.

Capítulo 5

CONCLUSÕES

5.1 Conclusões

Os sistemas de recomendação de consultas são utilizados para recuperar os documentos relevantes da Web para satisfazer as necessidades de informação dos utilizadores. A maioria dos sistemas de recomendação de consultas tenta utilizar as consultas anteriores que são semelhantes à consulta atual. Mas estes métodos não compreendem exatamente as necessidades de informação dos utilizadores. A fim de melhorar o desempenho do sistema de recomendação, a preferência do utilizador, a localização e os sinónimos são adicionados aos modelos de cliques em snippets. Além disso, o perfil do utilizador é construído a partir dos padrões de cliques, dos padrões de localização e dos interesses do utilizador. Esta informação é utilizada para classificar novamente os URL relacionados no topo da recomendação. O sistema considera a ocorrência global e local dos snippets. Foram utilizados modelos de cliques em snippets à escala global e local com dados de registo do motor de busca e sinónimos. Estes sinónimos são obtidos para as palavras-chave a partir do serviço de sinónimos em linha. Analisámos os resultados devolvidos pelo motor de busca Google e comparámos esses resultados com o sistema que tem em conta a preferência do utilizador, a localização e o sinónimo, juntamente com os snippets. Verificou-se que o sistema de recomendação de consultas apresentado é mais eficiente e eficaz do que outros métodos. Além disso, o sistema tem um melhor desempenho para consultas com rácios de acerto mais baixos, *ou seja*, consultas de baixa frequência.

5.2 Âmbito futuro

- Melhorámos o resultado da pesquisa incorporando a intenção do utilizador e a localização; mas como há sempre margem para melhorias, podemos também trabalhar na procura do local mais próximo da localização atual para melhorar a eficiência.

- Conseguimos integrar no sistema os sinónimos obtidos a partir do serviço de sinónimos em linha. No futuro, podemos alargar esta abordagem de modo a utilizar a intenção corretamente identificada para reescrever a consulta, obtendo automaticamente a localização atual do utilizador para melhorar o desempenho da pesquisa.

5.3 Aplicações

- A abordagem de recomendação de consultas apresentada pode ser utilizada no domínio da desambiguação de sentidos, identificação de intenções, recomendação de palavras-chave, reformulação de consultas e abordagens de sugestão.

- A abordagem de recomendação de consulta é realizada na plataforma android e requer menos espaço de armazenamento; assim, o ficheiro .apk pode ser criado e executado em telemóveis android como plataforma de pesquisa.

Bibliografia

[1] *https://www.google.com/* e https://www.wikipedia.com/.

[2] R. Baeza-Yates, Hurtado e M. Mendoza, "Query recommendation using query logs in search engines", *Current Trends in Database Technology Workshops, Springer Berlin Heidelberg* (EDBT 2004), 2005.

[3] R. Baeza-Yates e B. Ribeiro-Neto, "Modern information retrieval", Nova Iorque: ACM press, 1999.

[4] M. Potey, A., Patel, D. A. e Sinha, P. K., "A survey of query log processing techniques and evaluation of web query intent identification", *In IEEE 3rd International Conference on Advance Computing Conference* (IACC-2013), pp. 1330-1335, 2013.

[5] Y. Liu, Miao, Zhang, Ma e L. Ru, "How do users describe their information need: Query recommendation based on snippet click model", *Expert Systems with Applications*, vol. 38(11), pp. 13847-13856, 2011.

[6] A. Eugene, Brill e S. Dumais, "Improving web search ranking by incorporating user behavior information", *In Proceedings of the 29th annual international ACM SIGIR conference on Research and development in information retrieval*, ACM, pp. 19-26, 2006.

[7] P. Goyal e N. Mehala, "Concept based query recommendation", *In Proceedings of the Ninth Australasian Data Mining Conference, Australian Computer Society, Inc.*, vol. 121, pp. 69-78, 2011.

[8] K. Goenka, "Mobile web search personalization using ontological user profile", *tese apresentada à Faculdade de Pós-Graduação da Universidade da Geórgia, Atenas, Geórgia*, 2009.

[9] B. M. Fonseca, Paulo B. Golgher, Edleno S. de Moura e Nivio Ziviani, "Using association rule to discovery search engines related queries", *In Proceddings of First Latin American Web congress, IEEE Computer Society, Washington, DC, USA* (LAWEB-2003), pp. 66-71, 2003.

[10] R. Forsati, Meybodi, M. R. e Rahbar, A., "An efficient algorithm for web recommendation systems", *In IEEE/ACS International Conference on Computer Systems and Applications* (AICCSA-2009), IEEE, pp. 579-586, 2009.

[11] J. Nemrava, "Using WordNet glosses to refine Google Queries", *In Proceedings of the Dateso 2006 Annual International Workshop on DAtabases, Texts, Specifications and Objects, Desna, República Checa*, 26-28 de abril de 2006.

[12] R. Bhushan e R. Nath, "Recommendation of optimized web pages to users using Web Log mining techniques", *In IEEE 3rd International Advance Computing Conference* (IACC-2013), IEEE,

pp. 1030-1033, 2013.

[13] M. Speretta, "Personalizing Search Based on User Search Histories", *apresentado à Universidade de Udine, Udine, Itália*, 2000.

[14] H. Zahera, El Hady e W. El-Wahed, "Query Recommendation for Improving Search Engine Results", *In World Congress on Engineering and Computer Science, San Francisco, USA* (WCECS-2010), vol. 1, 2010.

[15] G. E. Dupret e B. Piwowarski, "A user browsing model to predict search engine click data from past observations", *In Proceedings of the 31st annual international ACM SIGIR conference on Research and development in information retrieval* (SIGIR-2008), pp. 331-338, 2008.

[16] Z. Wang, J. e Wu, J. N., "Related queries recommendation based on user logs for Chinese search engines", *In Proceedings of the 4th international conference on wireless communications, networking and mobile computing*, 2008.

[17] H. Vahabi, Ackerman, M., Loker, D., Baeza-Yates, R. e Lopez-Ortiz, A., "Orthogonal query recommendation", *In Proceedings of the 7th ACM conference on Recommender systems*, ACM, pp. 33-40, 2013.

[18] B. M. Fonseca, P. B. Golgher, B. Possas, B. A. Ribeiro-Neto e N. Ziviani, "Concept-based interactive query expansion", *In Proceedings of the 14th ACM international conference on Information and knowledge management* (CIKM 2005), pp. 696-703, 2005.

[19] O. Zaiane e A. Strilets, "Finding similar queries to satisfy searches based on query traces", *In Proceedings of Advances in Object-Oriented Information Systems*, Springer Berlin Heidelberg, pp. 207-216, 2002.

[20] S. Xiaodong e C. C. Yang, "Mining related queries from web search engine query logs", *In Proceddings of 15th International Conference on World Wide Web, Association for Computing Machinery, Nova Iorque, EUA*, pp. 943-944, 2006.

[21] F. Guo, Liu, C. e Wang, Y. M., "Efficient multiple-click models in web search", *In Proceedings of the Second ACM International Conference on Web Search and Data Mining*, ACM, pp. 124-131, 2009.

[22] S. Cucerzan e R. White, "Query suggestion based on user landing pages", *In Proceedings of the 30th annual international ACM SIGIR conference on Research and development in information retrieval*, ACM, 2007.

[23] S. Pinyapong, "A framework of time, place, purpose and personal profile based recommendation service for mobile environment", *In IEICE transactions on information and systems*, vol. 88(5), pp.

938-946, 2005.

[24] Q. He, Jiang, Liao, Hoi, Chang, Lim e H. Li, "Web query recommendation via sequential query prediction", *In IEEE 25th International Conference on Data Engineering* (ICDE-2009), IEEE, pp. 1443-1454, 2009.

[25] I. Mele, "Web Usage Mining for Enhancing Search-Result Delivery and Helping Users to Find Interesting Web Content", *In Proceedings of the sixth ACM international conference on Web search and data mining, February 48, 2013, Rome, Italy*, WSDM-2013, pp. 765-770, 2013.

[26] D. Broccolo, Frieder, O., Nardini, F. M., Perego, R. e Silvestri, F., "Incremental algorithms for effective and efficient query recommendation", *In Proceedings of String Processing and Information Retrieval, Springer Berlin Heidelberg*, pp. 13-24, 2011.

[27] J. Wen, Nie e H. Zhang, "About Clustering user queries of search engine", *In Proceedings of the 10th international conference on World Wide Web*, pp. 162-168, 2001.

[28] M. Sahami and T.D. Heilman, "A web-based kernel function for measuring the similarity of short text snippets", *In Proceedings of the 15th International Conference on World Wide Web, Edinburgh, Scotland, ACM Press, New York, NY* (WWW-2006), pp. 377-386, May 23 - 26, 2006.

[29] D. Beeferman e A. Berger, "Agglomerative Clustering of Search Engine Query Log", *In Proceedings of the 6th International Conference on Knowledge Discovery and Data Mining, Boston, MA* (ACM SIGKDD), pp. 407-416, 2000.

[30] C. Sumathi, Padmaja Valli e T. Santhanam, "Automatic recommendation of web pages in web usage mining", *In International Journal on Computer science and Engineering* (IJCSE-2010), vol. 2, pp. 3046-3052, 2010.

[31] S. Bhatia, Debapriyo Majumdar e Prasenjit Mitra, "Query suggestions in the absence of query logs", *In Proceedings of the 34th international ACM SIGIR conference on Research and development in Information Retrieval*, ACM, 2011.

[32] S. Xiaoyan, Bo, Junliang e M. Xiangwu, "An effective method for chinese related queries recommendation", *In Ninth IEEE ACIS International Conference on Software Engineering, Artificial Intelligence, Networking, and Paral- lel/Distributed Computing* (SNPD-2008), pp. 381-386, 2008.

[33] M. Goncalves, Torres, D. e Perera, G., "Making Recommendations Using Location-Based Skyline Queries", *In 23rd International Workshop on Database and Expert Systems Applications* (DEXA-2012), IEEE, pp. 111-115, 2012.

[34] Dataset collected from google database services", disponível em *https://developers.google.com/cloud-sql/* e *https://developers.google.com/web- search/docs/*.

Lista de publicações relacionadas

1. Megha R. sisode e Ujwala M. Patil, "A Review on Query Recommendation Techniques", *no processo da 3ª Conferência Internacional sobre Tendências Recentes em Engenharia e Tecnologia, Elsevier, Chandwad, Nashik* (ICRTET 2014), pp. 819-823, 2014.

2. Megha R. sisode e Ujwala M. Patil, "Incorporating Synonyms into snippet based Query Recommendation Systems", *no processo da Conferência Internacional sobre Ciência e Engenharia da Computação* (CSEN-2014), outubro de 2014, Royal Orchid Central, Bangalore, Índia, pp. 1-13, 2014.

3. Megha R. sisode e Ujwala M. Patil, "Incorporating User Preference and Location into snippet based Query Recommendation Systems", *na International Conference on Parvasive Computing, organizada pelo Sinhgad College of Engineering, Pune em associação com o IEEE Communication Society Chapter, Pune Section, India* (ICPC-2015), 8-10 de janeiro de 2015.

Printed by Books on Demand GmbH, Norderstedt / Germany